KB152381

청소년들의 진로와 직업 탐색을 위한
잡프러포즈 시리즈 13

휴머니스트라면

네모네

최진형 지음

휴머니스트라면

20대에는 의지, 30대에는 기지,
40대에는 판단이 지배한다.

- 벤자민 프랭클린, Benjamin Franklin -

명성을 쌓는 데는 20년이란 세월이 걸리며,
명성을 무너뜨리는 데는 채 5분도 걸리지 않는다.
그걸 명심한다면, 당신의 행동이 달라질 것이다.

- 워런 버핏, Warren Buffett -

저는 인생에서 좋은 직업을 갖고 큰 성공을 하는 것이 가장 중요하다고 말하지 않겠어요. 실수나 실패가 없는 완벽한 삶을 살려고 노력하는 것이 얼마나 어리석은 일인지 이제야 절감하고 있거든요. 인간은 누구나 실수를 하고 실패를 하면서 산다는 것을 알기에, 앞으로 긴 길을 걸어갈 여러분은 그 실수나 실패를 두려워하지 않기를 원해요. 넘어져도 크게 상심하지 않고 웃으며 털고 일어날 수 있는 용기를 가진 사람이 되세요.

저는 투철하고 뚜렷한 목표의식을 가지고 한 길만을 걷고자 하여 지금 이곳에 서 있는 것은 아니에요. 그런데 제가 하고 있는 이 일이 정말 즐겁고 행복하네요. 제 이름을 건 사무실을 개업하기까지 참 먼 길을 돌아온 것 같지만 그 길이 저에게 큰 힘이 되어준 것 같아요. 어렸을 때 들었던 나쁜 짓 빼고 해볼 것은 다 해보라는 상투적인 말이 새삼 큰 의미로 다가오기도 해요. 그만큼 경험의 중요성을 많이 느끼고 있죠. 이 일을 잘하기 위해 가장 필요한 덕목이 타인을 이해하고 배려하며 그 사람의 감정에 이입하는 것인데, 직접적이든 간접적이든 경험 없이는 타인에 대한 이해가 어렵다는 생각이 들거든요. 이건 비단 제가 하고 있는 이 일에만 해당되는 것이 아니라 인생 전반에 해당되는 것이기도 하지만요.

pose!

저에게 이 일은 단순한 숫자의 계산과 나열이 아니에요. 그렇게만 생각했다면 숨이 막혀서 지금처럼 즐겁게 일하지 못했을 거예요. 제가 한 자 한 자 써 내려간 숫자는 단순히 보면 계산의 나열이지만 그 위에는 저와 거래를 하는 소중한 분들의 사업과 인생이 포개져 있어요. 그래서 이 일이 더 매력적이죠. 국가가 존재하고 조세제도라는 것이 존재하는 한 세금은 우리 개개인의 생활에 알게 모르게 영향을 미칠 거라고 생각해요. 우리 같은 세무대리인도 필요할 거고요. 세무대리인으로서 성실히 세금을 내는 분들의 생활에 조금이라도 긍정적인 부분이 돌아가도록 도움을 드릴 수 있어 행복해요.

물론 매일 숫자와 씨름하고 그 이면을 들여다보며 고민하는 일은 힘들기도 해요. 제가 대리해주는 분들의 어려움을 함께 고민하다 보면 마음이 아프기도 하고요. 그런데 그분들과 동행한다고 생각하면 내 일처럼 더 최선을 다하게 되고, 그런 경우 결과가 좋지 않더라도 죄송한 마음이 덜해요. 물론 수고가 결실을 맺어 서로 행복해하는 일도 많고요. 세무사라는 직업, 따뜻하고 인간적인 일 아닌가요?

첫인사 ♥

토크쇼 편집자 – 편

세무사 최진형 – 최

📙 먼저 자기소개를 부탁드려요.

📗 저는 고려대학교 경영학과를 졸업한 후 주식회사 신세계 경리팀과 구 LG화재 인사팀에서 3년 정도 근무했어요. 근무를 하다 보니 업무가 저와 맞지 않는다는 생각이 들어 회의가 들었고 퇴사를 결심하고 공무원시험을 봤어요. 국세청 공무원 시험에 합격해서 일선 세무서로 발령을 받았고, 일산과 김포, 인천 지역에서 8년 정도 근무했죠. 2013년에 퇴사해서 〈세무법인 하나〉 부천 지점에서 2년 동안 팀장 세무사로 근무하다가 2015년에 김포에 개인 사무실을 개업해서 현재 직원 다섯 명과 함께 일하고 있어요.

📙 이 일을 하신지는 얼마나 되셨나요?

📗 세무사 개업은 이제 7년 차고요. 그전에 2년간 세무법인에서 일했으니 이 일을 한 지 9년 정도 되었네요. 국세청에서 근무한 것까지 합하면 한 17년을 세금과 관련된 업무를 하면서 보냈어요.

📙 세무사라는 직업을 선택한 이유가 있나요?

📗 저는 어릴 때부터 수리적인 감각이 좋아서 수학이 재미있

었어요. 중학교 때는 서울시에서 개최하는 경시대회에 나가 장려상을 받기도 했죠. 제가 어렸을 때만 해도 장래의 꿈이 구체적이지 않았어요. 수학을 잘하니 막연하게나마 이와 관련된 일도 괜찮겠다고 생각했었죠. 대학 때 회계사 붐이 일어서 회계사 공부를 하기도 했고요.

앞서 얘기했듯이 회사에 들어갔지만 업무가 맞지 않아 공기업에 가고 싶었는데 시험을 준비하느라 경력이 단절된 시기들을 좋지 않게 보더라고요. 그래서 방향을 좀 선회해서 공무원시험을 봤죠. 당시 국세청에서 EITC라는 새로운 제도를 도입하면서 공채를 많이 채용했어요. 국세청 쪽은 생각도 안 했는데 대학 때 회계사 시험을 준비하며 공부했던 과목이 세무서 시험과목과 딱 맞더라고요. 거기에 과목 한두 개 정도를 더 공부하고 국세청에 들어간 거죠.

초임지인 북인천세무서로 발령을 받아 갔는데 일반 회사와 달리 북적북적했어요. 사람들도 많아서 마치 시장통 같은 분위기가 느껴졌는데 저는 그게 참 좋더라고요. 예전에 제가 생각한 이 계통의 일은 조용하고 차분한 사무실에서 숫자를 다루고 맞추고 하는 그런 일이었는데 세무서에 와보니 우리의 실생활과 연관된 부분이 상당히 많았어요. 덕분에 일하면서 이 분야를 보는 시각도 많이 달라졌고요.

편 이 직업을 프러포즈하는 이유는 뭔가요?

최 세무사는 숫자를 다루는 직업이니 그들은 일을 할 때 정확히 계산을 해서 아귀가 딱딱 맞도록 꼼꼼히 작업할 것이라고 생각하는 것 같아요. 그렇기에 이 업종에 대한 사람들의 인상도 딱딱하고 차가운 일로 보는 경향이 있어요. 영화 같은 걸 봐도 회계사나 세무사를 그런 식으로 표현하는 경우가 많잖아요. 저도 이 일을 하기 전에는 막연하게 그런 느낌을 받았어요. 하지만 이 일을 해보니 세무사는 우리의 삶을 더 매끄럽게 만들어주는 윤활유 역할을 한다는 생각이 들어요.

우리 주변에는 생각보다 많은 것들이 세금과 연관되어 있어요. 이사를 가기 위해 집을 사고팔거나, 부모님이 돌아가셔서 상속이나 증여를 받을 수도 있죠. 우리가 매번 인식하지는 못하지만 물건을 사거나 어디로 여행을 갈 때마다 부가가치세를 내고 있어요.

세무사는 단순히 숫자를 다루는 사람이 아니라 숫자를 바탕으로 우리 생활과 밀착되어 있는 세금 문제를 상담해주며 사람들의 삶을 매끄럽게 만들어주고 이를 통해 세상과 소통하는 매력적인 직업이라고 생각해요. 그렇기에 우리 주변에 있는 다양한 업종과 사람들을 잘 이해하는 게 중요하다는 생각이 들어요. 이 일을 하게 되면 책상에만 앉아 있을 수는 없어요. 많은 사람들과 직접 만나면서 다양한 경험을 해보고 싶은 사람들에게 이 직업을 프러포즈하고 싶어요.

세무용어사전

세금
국가를 유지하고 국민 생활의 발전을 위해 국민들의 소득 일부분을 국가에 납부하는 돈

EITC
Earned Income Tax Credit, 근로장려세제, 저소득 근로자 또는 자영업자 가구에 대하여 가구원 구성과 총급여액 등에 따라 산정된 근로장려금을 지급함으로써, 근로빈곤층의 근로를 장려하고 실질소득을 지원하는 근로연계형 소득지원제도

상속
사람의 사망으로 인한 재산상 법률관계의 포괄적 승계

증여
당사자의 일방(증여자)이 무상으로 재산을 상대방에게 준다는 의사표시를 하고, 상대방(수증자)이 그것을 승낙함으로써 성립하는 계약

부가가치세
생산 및 유통과정의 각 단계에서 창출되는 부가가치에 대하여 부과되는 조세

편 세무사라는 직업에 대해 소개해주세요.

최 세무사는 조세가 없으면 존재할 수 없는 직업이에요. 다시 말해 조세제도가 있기에 존재하는 직업인 거죠. 나라 살림을 위해서는 세금이 필요한데 국가에서 조세를 부과할 수도 있고, 납세자가 직접 세금을 신고하고 납부할 수도 있어요. 국가에서 부과하는 조세는 비교적 명확하고 간단해요. 자동차 연료에 유류세를 부과하고, 담배에 담배소비세를 부과하는 방식이라 물건의 가격에 세금이 포함되어 있기 때문이에요.

반면 납세자가 직접 신고·납부하는 경우에는 그와 관련된 회계나 세무지식뿐만 아니라 적용되는 법령 등 많은 정보가 필요하기 때문에 이에 대해서 많은 시간을 공부하고 지식을 습득한 전문가가 필요해요. 보통 신규 직원이 들어와서 어느 정도 장부 기장을 할 수 있게 되는데 3~4년 정도의 기간이 걸리더라고요. 세금을 내기 위해 개개인이 이렇게 긴 기간을 노력한다는 것은 어떻게 보면 시간 낭비잖아요. 그 시간에 본업에 충실히 하는 게 더 합리적이죠.

이럴 때 세무사를 찾아가면 세금에 대한 상담을 자세히 받

을 수 있겠죠? 세무사는 세금 장부나 서류 등을 조사해서 합법적이고 가장 유리한 납세 절차에 대해 의뢰자에게 조언을 해요. 그리고 의뢰인을 대신해서 세무에 대한 여러 가지 서류를 작성해서 세무서에 신고를 하죠. 회계장부를 대신 작성해주기

도 하고요.

편 한 가지 사안에 세무사마다 판단이 다를 수도 있나요?

최 다를 수도 있죠. 물론 어떤 세무사에게 물어봐도 같은 결론이 나오는 명확한 것들도 많이 있지만 세무사마다 의견이 상충되는 부분도 있어요. 그래서 해당 분야를 잘 아는 세무사에게 자문을 구하기도 해요. 법인세나 양도소득세, 상속세 등 각각의 세목이나 이슈별로 자신이 잘 아는 분야가 있거든요. 저 같은 경우 직접 세무서에 연락해 그분들에게 자문을 구하기도 해요. 제가 세무서에서 일한 경험이 있어 그쪽에 아는 분들이 있으니까요.

조세

국가나 지방자치단체가 그 경비에 충당할 재력을 얻기 위하여 반대급부 없이 일반 국민으로부터 강제적으로 징수하는 금전 또는 재물

조세제도

각종의 조세를 그 성질과 작용에 따라 모든 조세원칙에 부합되도록 유기적으로 결합시켜 편성한 통일적 조직

유류세

유류 소비를 줄이기 위해 휘발유 경유 등유 등에 부과하는 세금

담배소비세

담배를 소비할 때 과세하는 세금으로 소비세의 일종

납세

세금을 내는 것

회계장부

기업 활동에서 발생하는 회계 상의 거래를 기록, 정리하기 위한 문서로서 재무제표의 기초가 되는 회계 자료

법인세

법인의 소득을 과세대상으로 하여 법인에게 부과하는 조세

양도소득세

재고자산 이외의 자산의 양도로 인한 자본이익에 대한 세금

상속세

사망에 의하여 무상으로 이전되는 재산에 대하여 부과되는 조세

편 어떻게 이 직업이 생겼는지 궁금해요.

최 정확한 일자를 몰라서 찾아봤어요. 우리나라 세무사법이 1961년 9월 9일에 제정됐더라고요. 그다음 해인 1962년 2월 10일에 세무사회가 창립됐고요. 초반에만 해도 세무사에 대한 인식이 미약했지만, 경제발전에 발맞춰 세무 체계가 현대화되면서 세무사의 활동 범위도 넓어지게 되었어요. 현재는 세무사의 전문성을 인정받게 되면서 안정적이며 자신의 능력을 발휘할 수 있는 직업이라고 생각해 세무사 시험을 준비하는 학생들이 해마다 늘고 있죠. 창립 이래 계속해서 세무사를 배출했고, 올해는 54회 세무사 자격시험을 통해 세무사를 뽑았어요.

세무사라는 직업이 왜 생겼을까 생각해봤는데 아마도 복잡한 조세제도 때문인 것 같아요. 세무사인 제 입장에서도 매년 바뀌는 세법을 공부하는 일이 쉽지는 않아요. 세법이 바뀌고, 세법에 대한 새로운 해석이 나오니 가끔은 헷갈리기도 해요. 또 생소한 내용을 다루게 되면 과세인지 면세인지 면밀히 검토해야 하죠. 때론 세목에 대한 판례나 해석을 두고 다툼이 벌어지기도 해요. 복잡하고 수시로 바뀌는 조세제도를 일반인들은 어려워하죠. 또 본업을 통해 영업 이익을 내는 것이 합리적이지 세금 납부에 상당한 시간을 할애하는 것은 낭비라고 여겼을 거예요. 그래서 이 어렵고 복잡한 일을 다른 사람에게 맡기면서 세무사라는 직업이 생겼다고 생각해요.

편 세무사는 구체적으로 어떤 일을 하나요?

최 가장 근간이 되는 업무는 기장 대행이에요. 원래는 납세자 본인이 직접 장부를 작성해서 신고를 해야 하지만 이를 위해 상당한 시간과 노력이 필요하기 때문에 세무사가 이를 대행해주고 있어요. 그리고 조세와 관련된 문제를 상담해주고, 자문을 해주고 있어요.

저희 같은 경우는 행정재판을 대리하기도 해요. 일반적으로 기장을 맡긴 고객이 세무서로부터 양도소득세나 상속세, 증여세 등의 세금 고지를 받았을 때 저희에게 상담을 요청해요. 일반 납세자는 세금 고지가 부당하다고 생각해도 자신의 입장을 피력하기가 어렵잖아요. 그런 경우 행정재판 대리를 해주고 있어요.

또 고객들은 간혹 세무조사를 실시한다는 세무서의 통지를 받기도 하는데 이런 세무조사에서는 고객의 말 한마디가 달리 해석될 여지가 있어요. 어떤 말을 하면 안 되는지, 어떤 방향으로 진술해야 하는지 코치하기도 하죠. 의견 진술 자체를 대리하기도 하고요.

최근 세무사의 업무에 새로 추가된 게 있어요. 고용·산재보험과 관련해서 보험사고 대행도 할 수 있게 되었죠. 원래는 이 업무가 노무사의 업무 영역이었는데 얼마 전부터 세무사도 할 수 있게 되었어요. 실제로 이 업무를 하는 분들은 아직 많지 않지만요. 비상장주식의 가치를 평가하는 업무도 해요. 법인의 주식 가치가 얼마나 되는지 평가하는 업무죠.

마지막으로 상당히 예외적인 업무인데 성년 후견인 제도

세무용어사전

세법
조세의 부과 및 징수에 관한 법

과세
세금을 매김. 납세의무의 내용을 확정하여 그 이행을 명령하는 행정처분

면세
특정한 사유에 의하여 조세를 면제하는 제도

판례
법원이 특정 소송사건에 대하여서 법을 해석·적용하여 내린 판단·판결례

와 관련된 업무도 하고 있어요. 보통의 세무사들이 하는 일은 아니지만 법정대리인처럼 질병이나 장애로 정신적 제약이 있는 분의 재산에 대해서 관리를 해주는 일을 하는 분도 있어요.

편 세무사마다 주력 분야가 따로 있나요?

최 네. 사업자는 어느 수준 이상의 매출이 있으면 세무사와 함께 일을 해야 해요. 그런 식으로 세무사를 찾는 분들 중에는 의사도 있고, 제조나 도소매하시는 분들도 있어요. 그분들은 본인의 업종에 맞춰 각 세무사의 강점이 무엇인지를 보고 선택하죠. 보통 세무사 사무실을 보면 전 분야가 다 전문이라고 광고를 하고는 있는데, 실제로는 그중에 특별히 주력하는 분야나 잘 하는 분야가 있어요. 예를 들어 조사 대행을 잘 하는 분, 조세불복을 잘 하는 분, 양도소득세나 상속세, 증여세를 훤히 꿰고 있는 분, 일반 기장에 능숙한 분 혹은 특수한 업종의 실무에 능통한 분들이 있죠.

세무용어사전

증여세

증여에 의하여 재산이 무상으로 이전되는 경우에 부과되는 조세

세무조사

세무공무원이 국세에 관한 조사를 위하여 당해 장부·서류 기타 물건을 조사하는 것

편 현역에 있는 세무사의 남녀 비율은 어떻게 되나요?

최 최근 통계를 보니 여성 세무사가 9.4%인 반면, 남성 세무사가 90.6%로 압도적으로 많더라고요. 실제 이 일을 하면서 만나는 세무사만 봐도 남성이 많고요. 합격하는 세무사의 성비를 보면 최근 들어 여성 세무사 합격률이 높아지고 있어요. 아직까지는 좀 보수적이고 남성이 중심이 된 사회지만 점차 여성의 역할이 커질 거라 생각해요. 많은 여성 세무사들이 섬세하고 꼼꼼해서 디테일한 면을 놓치지 않으며 차분하게 업무를 진행하더라고요.

편 왜 남자 세무사가 많은 걸까요?

최 아무래도 영업과 관련된 대외 활동이 많아서라고 생각해요. 이 업 자체가 최종 목표는 사무실 근무가 아니라 사무실 개업이거든요. 개업을 하면 필연적으로 영업을 해서 고객을 모아야 하는데 상대적으로 여성들이 영업을 꺼려서 이 일도 꺼리는 게 아닐까 싶어요. 그래서 세무사 자격을 취득한 여성의 경우 공무원을 하거나 일반 세무법인의 직원이 되는 경우가 많아요. 모두 그런 것은 아니지만 안정을 중요시하는 것 같아요. 반면 남성의 경우 일단 일반 세무법인에서 일하더라도 개업하려는 의지가 강하죠. 영업에 대한 거부감도 덜하고요.

편 영업능력이 없으면 개업하기 어려운가요?

최 영업능력이 없더라도 회사의 고객층이 탄탄하게 보장되면 괜찮아요. 의사협회라든가 변호사협회와 같은 큰 단체를 대리할 수 있다거나 가족이나 지인의 근무지를 대리할 수 있다면 따로 영업할 필요가 없으니 개업할 수 있겠죠. 실제로 아버지의 직장이 큰 규모의 기업인 경우, 아버지를 통해 소개를 받고 대리 업무를 하는 세무사도 많아요.

편 세무사님도 개업 후 영업을 통해 거래처를 만들어 가셨나요?

최 20대에 개업을 하는 사람은 별로 없으니 30~40대 정도 되는 사람을 기준으로 얘기할게요. 주변에 있는 지인들, 친척들, 동문들의 직업을 보세요. 그중에 사업하는 사람이 분명히 있을 거예요. 세무사 사무실을 개업한다고 하면 기장을 맡아달라고 먼저 다가오는 경우가 많아요. 특별한 전략이나 영업

기술이 없는 초반에는 그런 분들의 일을 맡으면서 시작한다면 좋은 출발이겠죠. 어떤 인생을 살았느냐에 따라 다르겠지만 저 같은 경우 주변 분들에게 어느 정도 신뢰를 주고 인정을 받았는지 감사하게도 그분들이 제 기본 고객이 돼 주셨어요.

편 인맥이 중요해 보여요.

최 그렇죠. 아무래도 소개를 통해 고객이 되는 경우가 많으니 인맥은 정말 중요해요. 기존 고객을 만족시켜서 고객이 다른 고객을 소개해주는 경우도 의외로 많으니 기본적으로 업무를 잘해야 하고요. 일은 잘하는데 영업에 소질이 없다면 영업을 잘하는 직원을 채용하면 돼요. 실제 영업을 꺼리는 여성 세무사들의 경우 영업 담당 직원을 따로 채용하기도 해요.

편 사무실에 있는 직원들은 모두 다 세무사인가요?

최 그건 아니에요. 대부분 사무 업무를 보는 직원들이에요. 회계나 세무와 관련된 전공을 한 분들이죠. 제가 큰 흐름을 잡고, 색다른 쟁점이 발생하면 그에 맞는 방향을 설정하고, 업체 대표들과의 관계를 다지는 등의 업무를 한다면, 직원들의 경우 일상적인 신고 업무나 장부 대행 업무를 하고 있어요.

편 외국의 세무사와 다른 점이 있을까요?

최 제가 알기로 세무사라는 용어 사용부터 약간 달라요. 우리나라는 회계사와 세무사라는 용어를 나눠서 사용하는데 그런 나라가 많지 않다고 들었어요. 독일하고 일본 정도가 우리나라처럼 나눠서 사용하고 있죠. 독일은 우리나라의 세무사 제도와 유사해요. 우리나라처럼 국가 자격이고 시험에 합격하면 의무적으로 세무사회에 가입하게 되어 있어요. 일본도 유사하고요.

다만 일본이나 독일은 우리나라에 비해 업무 영역이 더 넓어요. 두 나라 모두 세무사가 조세소송에까지 관여할 수 있죠. 우리나라는 행정기관에서 다투는 것까지만 세무사가 대리를 할 수 있고, 조세소송으로 가서는 대리인으로 참관할 수가 없어요. 거기서부터는 변호사가 해야 하죠. 독일 같은 경우는 거기에 회계감사 업무까지 가능하더라고요. 현재 우리나라에서 회계감사 업무는 회계사만 가능해요.

[편] 세무사의 수요는 많은가요?

[최] 2013년, 제가 일선 세무서에서 근무하고 있을 때 세무사의 수가 만 명이 갓 넘어가고 있었어요. 현재는 2022년 9월 기준으로 총 회원수가 15,084명이에요. 그러니까 매년 600명 정도씩 뽑고 있는 거죠. 세무사 수는 꾸준히 느는데 반해 경기는 계속 제자리걸음이에요. 폐업하는 업체들도 많고요. 전체 업체 수는 한정되어 있는데, 세무사 수는 늘고 있는 게 긍정적이진 않지만 이게 비단 세무사만의 문제는 아니라고 생각해요. 어느 전문직이나 마찬가지죠. 그래서 지금 60~70대 분들, 호황기에 세무사를 했던 분들은 지금의 상황을 부정적으로 보세요.

그렇지만 세무사의 업무 영역이 확대되어 일할 수 있는 분야도 그만큼 넓어졌기 때문에 너무 비관할 필요는 없다고 봐요. 세금은 경제의 중심에 서 있을 수밖에 없고, 세금에 대한 정확한 정보의 필요성은 계속 커지고 있어요. 본인이 열정을 가지고 적극적으로 영업을 하고, 새로운 분야를 개척하기도 하고, 꼼꼼한 일 처리로 고객을 만족시킨다면 그 전망은 밝다고 할 수 있어요.

편 이 직업만의 매력과 장점은 무엇인가요?

최 다른 개인사업자들도 마찬가지겠지만 시간의 자유를 가장 큰 장점으로 들 수 있어요. 시간이 자유롭다는 건 할 일이 없어서 한가하다는 의미는 아니에요. 그보다는 어떤 일을 우선으로 하고, 어떤 일을 차선으로 둘 것인지 스케줄을 자유롭게 계획할 수 있다는 뜻이죠. 내 마음대로 시간을 조정하는 일은 소중한 장점이에요.

보통 세무사들은 세금신고 시즌인 1월부터 7월까지 7개월 정도는 바빠요. 시즌이 끝나고 8월부터 12월까지는 상대적으로 여유롭고요. 1년 내내 바쁘게 일하지 않고 잠시 숨을 고르며 재충전의 시기를 보내는 것, 이 시간을 이용해 간접적인 인생 경험을 해보는 것, 이런 것들도 이 직업의 큰 매력이에요.

또 다양한 고객들을 대면하면서 얘기를 나누다 보면 생각의 폭이 확장되기도 해요. 사고도 많이 유연해지고요. 그리고 저희가 하는 업무에 행정심판 불복 업무가 있는데, 납세자를 대리해서 대변해주고 조세불복을 하게 될 경우, 불복에서 이기면 성취감도 들면서 상당히 기분이 좋아요. 세무조사도 마찬가지예요. 납세자와 과세관청 모두가 만족할 만한 성과를 끌어낸 경우 이 일이 더 재밌어지고 성취감도 들어요.

편 이 직업의 단점에 대해 알려주세요.

최 일을 하다 보면 어떤 쟁점이 생기잖아요. 과세자료가 발생거나, 과세자료에 대한 소명^{까닭이나 이유를 밝혀 설명함} 요청이 있거나, 세무서에서 업체에 대해 조사를 한다거나, 과세에 대해 행정심판이 들어가 조세불복을 하는 경우 등이요. 그런 문제들이 닥쳤을 때 연구하고 리포트를 쓰고 하는 게 매번 술술 풀리지만은 않아요. 아무리 연구해도 답이 나오지 않으면 날이 서고, 스트레스를 받기도 하죠. 그런 때는 밥맛도 없고 좀 힘들어요.

편 법령^{법률과 명령}이 계속 바뀌니 공부도 꾸준히 해야 될 것 같아요.

최 예전에 일선 세무서에 있을 때는 세무사들이 매일 놀고먹는 것처럼 보였는데, 실제로 일을 해보니 그렇지 않더라고요. 업데이트되는 법령은 계속 봐야 해요. 개인사업자이다 보니 직원들을 관리하는 일도 만만치 않고요.

편 폐업하게 되면 거래처 양도도 하나요?

최 세무사가 사망하거나 폐업하는 경우 기존의 거래처가 거래되는 경우도 있어요. 고객들도 모르게 거래가 되는데 시세도 있더라고요. 세무사를 보고 온 고객들인데 돈을 받고 넘겨버린다는 게 저는 잘 이해가 가지 않아요. 월급 세무사를 두고 실제적인 운영은 사무장이 하는 경우 거래처를 사고파는 경우가 많다고 하더라고요. 사실상 이렇게 운영할 경우 세무사법에 위반되기 때문에 이러한 운영 실태가 확인되면 세무사회에서 징계가 내려지기도 하죠.

편 미래에도 세무사는 필요한 직업인가요?

최 인공지능의 발달로 인해 미래에 없어질 직업 순위가 요즘 자주 거론되잖아요. 그 순위를 보면 세무사도 항상 들어가 있더라고요. 그렇지만 저는 생각이 좀 다른데요. 우리가 살고 있는 이 시기는 변화가 굉장히 빨라요. 이 변화의 속도가 너무 빨라 법령이 바뀌는 속도가 미처 따라가지 못하고 있죠. 그렇기에 하루가 다르게 변하는 상황에 맞춰 새로운 법령을 이해하고 해석하는 일이 더 중요해진다는 거예요.

또한 조세 강화 및 개편으로 인해 세무사의 위상은 점점 높아지고 있어요. 납세자가 낮은 비용으로 양질의 세무대행 서비스를 받을 수 있도록 정부에서도 지원하고 있기에 그에 따른 수요 역시 증가할 것으로 보여요. 세무사는 국가와 국민 사이에서 세무조정을 함으로써 국가의 세수 증대에 기여하고 있어요. 이와 같은 세무조정제도가 확대 시행될 예정이므로 가까운 미래에 세무사의 역할이 더 커질 것으로 기대하고 있고요.

세무사의 세계

편 세무사가 일하는 곳은 어디인가요?

최 세무사라고 하면 대부분 자신의 사무실을 개업해서 그곳에서 근무한다고 생각하더라고요. 물론 개업을 하는 세무사도 있지만 대기업에 입사한 후 세무 파트에서 근무하거나 대형 세무법인이나 회계법인에 입사하는 사람도 있어요. 그런 근무세무사들 중에는 여성 세무사가 많고요. 남성 세무사들은 근무세무사를 하다가도 본인 사무실을 개업하겠다고 중간에 그만두는 경우가 많아서 보통 근무세무사를 원하는 회사는 여성 세무사를 선호해요.

세무사 자격증을 딴 후 국세청에 들어가는 사람들도 있어요. 세무사 자격이 있는 사람이 국세청 공무원시험을 보면 가산점 5점을 받아요. 공무원시험이란 게 가산점이 큰 역할을 하기 때문에 상대적으로 공무원시험에 합격할 확률이 높아요. 공직 분야에도 안정적인 직장을 선호하는 여성 세무사가 많이 진출해 있죠.

편 세무사의 일과는 어떻게 되나요?

최 시즌에 따라 많이 달라져요. 1월에서 7월까지는 각종 신고 기간이 몰려 있어요. 신고 기간의 경우 거의 온종일 상담 스케줄이 잡혀 있어요. 업체를 돌며 상담을 하고 자료를 받으러 다니죠. 제가 일하는 지역이 김포라 서울에 비해 업체와 업체 사이의 거리가 많이 떨어져 있어요. 다른 업체로 이동하려면 차로 20~30분은 가야 하죠. 그러다 보니 하루 종일 다녀도 열 군데도 못 돌아요. 업체 방문이 끝나고 사무실에 들어가면 직원들이 작성한 신고서를 가지고 와요. 그럼 내용을 검토하고 결재를 해요. 이런 식으로 하루가 정신없이 지나가서 신고 기간에는 업무 외에 다른 걸 생각할 여유가 없어요.

구체적으로 1월에는 부가가치세 확정신고가 있고, 2월에는 근로소득자의 연말정산, 3월에는 법인세 신고, 4월에는 부가가치세 예정신고를 해요. 5월은 종합소득세 신고를 하는 달이라 한해 중 가장 바쁜 달이기 때문에 돌아다닐 일도 가장 많죠. 종합소득세 신고로 5월을 바쁘게 보내고 6월에는 좀 여유 있게 쉬어가는 달로 보냈는데 국세청에서 성실신고 확인대상

사업자라는 걸 만들었어요. 업종별로 일정 매출 이상 되는 개인사업자는 좀 더 꼼꼼하게 검토하여 6월까지 신고하라고 해서 6월에 성실신고 확인대상 사업자의 종합소득세 신고를 해요. 7월에는 1월부터 6월까지의 기간에 대한 부가가치세 확정신고를 하고요. 이렇게 1월부터 7월까지 달마다 강도는 약간씩 다르지만 신고 업무를 하며 바쁘게 보내고 있어요.

신고 시즌이 아닌 때는 정해진 스케줄이 있는 게 아니라 그때그때 업무에 따라 스케줄을 조정해요. 일과도 매일 다르죠. 어떤 날은 새로 바뀐 법령을 업데이트하고, 세법과 관련된 신문을 보며 동향을 살펴요. 상담 요청이 들어오는 날에는 상담도 하고 의뢰한 내용을 분석해 알려드리죠. 또 이 기간을 이

용해 업체는 물론 지인과도 연락해요. 저는 인천 서구청 지역의 지회인 사단법인 해병대 인천 서구 전우회에서 총무를 보고 있어요. 그래서 해병대 전우회 모임에 정기적으로 참석하고 고대 교우회, 친분이 있는 세무사들과의 모임 등에 나가기도 하죠. 그곳에서 세무사들과 만나 이야기도 나누고 동향도 파악해요. 사실상 상반기에는 거의 정해진 스케줄에 따라 움직이지만, 하반기에는 제가 원하는 대로 스케줄을 조정해서 움직일 수 있는 셈이죠.

편 시간이 날 때는 어떤 일을 하나요?

최 어릴 때부터 만화와 게임을 좋아했어요. 어린 시절에 만화방과 게임장을 전전하다가 부모님께 혼난 기억도 정말 많네요. 지금도 여유 시간이 생기면 웹툰도 보고 스마트폰으로 게임도 해요. 전에 〈클래시 오브 클랜〉이란 게임이 인기 있었잖아요. 게임만 한 게 아니라 오프라인에서 현모를 하며 맥주도 한 잔 마시곤 했어요. 제가 그 클랜의 부클랜장을 했는데 거기서 만난 클랜장 하는 분이 부천에 법인을 두 개 가지고 있었어요. 이야기가 잘 통해 그 이후에도 몇 번을 만났죠. 그렇게 1년 정도를 알고 지냈는데 어느 날 거래처를 저희 쪽으로 옮기

세무용어사전

연말정산
급여소득에서 원천징수한 세액의 과부족을 연말에 정산하는 일

종합소득세
모든 소득을 종합하여 과세하는 조세

고 싶다고 하더라고요. 동호회 같은 사교적인 모임을 통해서
도 영업이 되는 경우가 있는데 이게 그런 경우였죠.

　스킨스쿠버도 좋아해요. 지금 스킨스쿠버를 한 지 7년 정
도 됐는데, 해병대 전우회 후배였던 강사의 도움으로 강사 이
전 단계의 라이선스까지 얻었고 1, 2년 후에는 강사 자격까지

취득할 계획입니다. 스킨스쿠버를 하러 동해에 가면 수중 30미터 이상 들어가요. 보통 휴양지에서 여행객을 상대로 하는 경우에는 5미터에서 10미터 정도 들어가고요. 이런 휴양지에서는 그 정도만 들어가도 시계가 다 확보돼요. 동해의 경우 낮은 수심에서는 시계 확보가 잘 안되니 더 깊이 들어가는 거고요. 서해의 경우 조류도 훨씬 세고, 시계도 더 안 보인다고 하더라고요. 스킨스쿠버 얘기를 하니 또 바다로 나가고 싶네요.

현재 일을 잘 수행하기 위해
따로 노력하고 있는 것이 있나요?

편 현재 일을 잘 수행하기 위해 따로 노력하고 있는 것이 있나요?

최 세무사 분야에서 일을 잘 수행한다는 의미는 인간관계를 잘 맺는다는 뜻이라고 생각해요. 이 분야는 내부에서 각종 신고 등과 관련된 문서작업도 중요하지만 사람을 만나는 일의 비중도 크기 때문에 좋은 관계를 맺고 유지하기 위해 노력을 기울여요. 거래처를 저희 사무실로 옮기는 과정에서 업체에서 나오는 불만들을 들어보면 같이 일한 지 3~4년이 다 되어 가는데 세무사 얼굴 한 번 못 봤다는 이야기도 하더라고요.

저희는 1년에 몇 번씩은 거래처를 찾아가서 이야기를 나눠요. 회사를 운영하다 보면 분명 어떤 변화가 생기기 마련인데 직접 대면하지 않으면 그런 변화를 사소하게 생각해 미처 알리지 못하고 넘어가는 경우가 많아요. 만나서 이야기하다 보면 그런 변화까지도 이야기하게 되고, 그중에 문제가 될 만한 것을 발견할 수 있는데 말이죠. 문제를 파악하게 되면 개선할 수 있는 방법을 연구하고 알려드려요. 그렇게 평소에 거래

고려대학교 교우회

처를 찾아다니며 문제가 될 소지를 체크하는 것 자체가 일인 거죠.

거래처뿐만 아니라 동호회, 교우회, 전우회, 이전 직장 동료들과의 모임, 지인과의 모임 등 제가 속한 단체의 모임에 지속적으로 참여해요. 이게 일반적인 교류를 위한 참여이기도 하지만 결과적으로 제가 하는 일에 큰 도움이 돼요. 오랫

동안 지인들과 쌓은 신뢰가 있기에 그분들이 제 거래처가 되는 일이 많거든요. 당연히 이런저런 모임에 나가다 보면 퇴근 후 술자리도 많고, 술을 자주 마시니 건강관리가 중요해져서 요즘은 건강을 위해 신경을 많이 쓰고 있어요. 작년에는 건강관리와 체중 감량을 위해 새벽마다 출근 전에 줄넘기를 3,000~4,000개씩 하기도 했죠.

편 세무사이기 때문에 겪는 애로 사항이 있나요?

최 앞서 얘기했듯이 세무사의 일은 일종의 영업직이에요. 전문직인 의사나 변호사도 환자나 의뢰인을 끌어야 하는 영업직의 일종인 것처럼 말이에요. 그들의 일인 진료나 상담이 비교적 단기간으로 끝나는 것에 비해 세무사는 고객과의 관계가 지속적으로 이어져요. 일을 하다 불쑥 생각이 나면 전화를 하고 궁금한 점을 물어보는 고객이 은근히 많아요. 너무 피곤해

서 쉬고 싶을 때도 전화가 오면 받아야 하죠. 경우가 없는 분들은 간혹 주말 밤 11시, 12시가 넘었는데도 전화를 해서 용건을 얘기해요. 그런 상황에서도 친절하게 상담하고 싶은데 마음처럼 쉽지만은 않아요.

편 다양한 계층의 사람들과 소통하는 게 쉬운 일은 아닐 것 같아요.

최 그게 생각하기 나름인 것 같아요. 누군가에게는 스트레스일 수도 있는데 저는 다양한 분들과 만나는 게 재밌어요. 또 너무 비상식적인 분들과는 거래를 하지 않으면 그만이니까 그런 점에서 크게 어려운 점은 없죠. 제가 국세청에서도 일을 해봐서 비교하게 되는데, 국세청에서 일할 때는 어떤 일이 주어지면 무조건 해야 했어요. 만나기 싫은 사람, 상대하기 싫은 사람이라도 무조건 만나서 일을 처리해야 했죠.

그런데 이제는 정말 하기 싫은 일은 맡지 않으면 돼요. 사실 돈을 안 벌면 되거든요. 거래처에도 정말 이상한 분들이 간혹 있어서 직원들을 애먹인 적이 있어요. 그런 경우 더는 거래를 하지 않겠다고 저희가 먼저 말해요. 그런 악성 거래처 하나가 4~5개 업체의 일을 처리하는 것보다 더 힘들거든요.

편 세무 분야는 전문용어들도 많고, 내용도 낯설어 어려워하는 사람이 많아요. 관련 지식이 없는 사람들에게 설명하는 게 힘들지는 않나요?

최 그렇죠. 매번 같은 내용을 얘기해도 이해를 못 하고 물어보고 또 물어보는 사람들이 많아요. 일반인들은 당연히 잘 모르는 분야라 저희의 도움을 받는 건데 힘들다고 하기보다는 이해하기 쉽게 잘 설명하고 납득시켜야죠. 그런 서비스를 제공하는 게 세무사의 일이니까요.

편 설명을 잘 해야 한다면 말하는 걸 좋아하는 사람이 이 직업에 적합할까요?

최 제가 생각하기에 오히려 말 잘하는 사람보다는 다른 사람의 말을 잘 듣는 사람이 더 유리해 보여요. 거래처의 대표들을 만나 대화를 나눠 보면 대부분의 대표들이 말하기를 좋아하거든요. 조리 있게 얘기하는 것도 중요하지만 상대방의 이야기를 경청하고, 그 말속에 있는 요구사항이나 뉘앙스를 재빨리 파악하는 게 더 필요해요.

편 일을 하면서 받는 스트레스는 어떻게 해소하나요?

최 사소한 스트레스는 게임을 하면서 풀어요. 그런데 이 일을 하면서 스트레스를 가장 많이 받는 부분은 감정이입과 관련된 부분이에요. 거래처를 대리하다 보면 문제가 생기거나 결과가 좋지 않은 경우도 있는데 그때마다 고객의 감정에 이입해 함께 힘들어하고 큰 스트레스를 받죠. 심하면 잠도 잘 못 자고요. 이런 문제는 특별한 해소 방법이 있는 게 아니라 자기 감정 제어를 잘 하는 수밖에 없는 것 같아요. 또 맡은 일에 최선을 다하고요. 그러면 결과가 좋지 않더라도 미안한 감정이 좀 덜하니까요.

편 세무사는 국내보다는 해외에서 더 좋은 대우를 받나요?

최 해외에서 세무사가 어떤 대우를 받는지는 알기가 쉽지 않아요. 세무사는 외국의 세무사와 거의 교류할 일이 없거든요. 국가 간에 이중과세의 문제 등을 해소하기 위한 조세조약이 존재하긴 하지만 각국의 과세에 관한 기준은 해당 국가의 기준으로 정해져 있고 실질적으로 다른 나라의 세법이 어떻게 되어 있는지, 다른 나라의 세무사가 어떤 대우를 받는지에 대해서는 별로 관심이 없었어요. 그렇기 때문에 이런 문제는 생각을 안 해 봤네요.

세무용어사전

이중과세
동일한 과세기간에 동일한 과세대상에 대하여 두 개의 동일 또는 유사한 조세가 부과되는 것

조세조약
국제적인 거래에서 일어나는 이중과세를 회피하는 한편 탈세를 방지할 목적으로 당사국 간에 체결하는 조약

편 세무사로서 성취감을 느끼는 순간이 있나요?

최 평소에는 루틴한 일을 하다 보니 크게 성취감을 느낀다기보다는 소소한 만족감을 느끼는 정도예요. 이 일을 하면서 가장 드라마틱한 순간은 조세불복에 이겼을 때예요. 가끔 이 사람을 변호해 줘도 될까 하고 고개를 갸웃거리게 만드는 고객도 있지만, 정말 억울한 분들도 많거든요. 그런 고객의 입장에서서 그들의 억울함을 피력하면서 대변해줬는데 결과가 좋은경우 큰 성취감을 느껴요. 꼭 금전적인 보상이 있어서가 아니라, 진심으로 고객의 입장을 대리해 불복을 했는데 이긴 경우정말 기분이 좋거든요.

또 세무조사를 받는 과정에서 관련된 사람들이 저의 설득과 조력, 중계로 인해 모두가 만족하는 경우가 생기기도 하잖아요. 납세자도 자신에게 부과되는 세금에 대해 납득을 하고과세관청에서도 세무대리인의 역할 덕분에 무리 없이 조사가마무리되었다고 고마워하면 그때 이번 일도 모두가 만족할 만한 객관적인 결과를 이뤄냈구나 하는 생각에 뿌듯해져요.

편 현업에 종사하기 전후 세무사의 이미지는 어떻게 달라졌나요?

최 세무서에서 근무할 때 만났던 세무사들을 보면서 항상 빈둥대는 느낌이 들었어요. 크게 바쁜 일도 없고, 거의 놀고 있는 것 같았어요. 잘 모르면서 일면만 보고 막연히 부정적으로 생각한 거죠. 전날의 힘든 영업으로 그날, 그 순간 우연히 쉬고 있었을 지도 모르는데 말이에요. 사람은 상대방의 입장이 되어봐야 그 사람에 대해 알 수 있다고 하잖아요.

실제 세무사가 되고 나니 그동안 제가 너무 큰 오해를 한 것 같아요. 막상 개업을 하려고 하니 신경 써야 할 일이 많았어요. 당장 직원 한 명 채용하는 것도 쉽지 않았죠. 제가 개업한 김포 지역에 세무사 사무실이 갑작스럽게 늘다 보니 경력 직원을 채용하기가 힘들었어요. 공고 가능한 채용사이트에 전부 공고를 해도 면접을 볼 만한 지원자가 거의 없었죠. 그래서 채용사이트에 올라와 있는 기존의 이력서를 보고 역으로 직접 전화를 해서 헤드헌팅을 했죠. 직원 채용부터 시작해 세부적으로 신경 쓰고 챙겨야 할 것이 한두 개가 아니었어요. 영업을 하는 일도 쉽지 않았고요. 그렇게 직접 겪어보니 그동안의 부정적인 이미지가 사라지고 일종의 존경심마저 생겼어요.

세무사로서 갖춰야 할
덕목, 조건은 무엇이라고 생각하나요?

편 세무사로서 갖춰야 할 덕목, 조건은 무엇이라고 생각하나요?

최 일반적인 세무사로서의 덕목이나 조건보다는 제가 이 일을 하면서 들었던 제 나름대로 기준을 말씀드리는 게 좋겠어요. 제가 생각하는 가장 중요한 덕목은 이해심이에요. 상대방에게 감정을 이입해서 그 사람의 마음을 헤아리고 그 사람의 입장에서 생각해 주는 마음이 있어야 이 일을 잘 할 수 있다고 생각해요. 저희가 하는 일이 누군가를 대신해서 장부 작성을 해주고, 누군가를 대신해서 세무신고를 해주고, 누군가를 대변해서 조사를 수행하는 대리인의 업무이다 보니 이런 마음가짐은 당연한 일이라고 생각해요.

두 번째로 다양한 경험들을 많이 해보면 좋겠어요. 독서도 좋고, 아르바이트도 좋고, 봉사활동도 좋아요. 직접적이든, 간접적이든 성장해가는 과정에서의 다양한 경험들은 어떤 일을 하든 큰 도움이 된다고 생각하거든요. 단기간의 아르바이트라도 나중에 회사에 들어가면 회사의 생리를 이해하고 일을 습득하는 데 큰 도움이 되니까요. 또 경험이 많을수록 어떤 일을 풀어나가는 능력이나 노하우도 그만큼 커지고요.

　마지막으로 성실한 자세가 필요해요. 자신이 맡은 일을 성실하게 꾸준히 하다 보면 어느 순간 상대도 알아주더라고요. 거래처의 입장에서 관리를 잘 받고 있다는 느낌을 받는다면 저희가 이 일을 잘 하고 있다고 볼 수 있을 거예요. 그러려면 성실히 일하는 게 답이죠.

세무사가
되는 방법

편 세무사가 되기 위한 일반적인 방법을 알려주세요.

최 세무사가 되기 위해서는 기획재정부가 주관하고 한국산업인력공단에서 시행하는 세무사 시험에 합격해야 해요. 과거에는 공인회계사나 변호사 자격이 있으면 세무 업무를 할 수 있었는데 세무사의 권익 보호를 위해 한국세무사회에서 자동자격 폐지를 위해 총력을 기울인 결과 얼마 전에 폐지되었죠.

또 2000년 이전에 국세청에 입사한 공무원 중 5급 공무원이 5년 이상 과장직으로 근무하면 자동으로 세무사 자격이 부여돼요. 이에 해당하지 않는 국세청 근무자의 경우 토익 점수가 일정 점수 이상 되어야 하고, 1차 시험, 2차 시험에 합격해야 세무사 자격이 주어져요. 단, 근무 기간이 10년이 넘으면 토익시험과 1차 시험을 면제받아요. 2차 시험만 합격하면 세무사 자격을 받을 수 있죠. 근무 기간이 20년이 넘으면 2차 시험과목 네 과목 중 논술 두 과목을 면제받고요. 계산 과목인 나머지 두 과목만 합격하면 세무사 자격을 받는 거죠.

편 공인회계사와 세무사는 어떻게 다른가요?

최 그런 질문을 하는 분들이 많아요. 공인회계사의 주된 업무는 일정 규모 이상이 되는 회사들의 외부감사예요. 공인회계사는 회사에서 작성한 장부를 보고 그 장부가 적정한지에 대한 의견을 주게 되어 있어요. 이렇게 외부감사를 받은 내용에 대해서는 금융감독원의 전자공시시스템에 의무적으로 공시하게 되어 있고요.

세무사는 공인회계사가 담당하는 회사에 비해 상대적으로 규모가 작은 회사를 대리해줘요. 정확한 표현은 아니지만 쉽게 설명해서 세무사가 주로 소규모의 회사를 대신해 장부를 만들어 준다면 공인회계사는 자체적으로 장부를 만들 수 있는 회사의 장부에 의견을 주는 일을 하는 거죠.

편 자격시험제도에 대해서 설명해주세요.

최 세무사 자격시험은 학력이나 대학에서 이수해야 할 과목, 학점 등의 제한이 없어요. 시험에만 합격하면 자격을 부여받죠. 시험과목은 1차와 2차로 나뉘어 있어요. 1차 시험은 재정학, 세법학개론, 회계학개론, 상법·민법·행정소송법 중 택1, 영어 다섯 과목으로 객관식이에요. 영어과목은 공인어학성적 제출로 대체하고 있고요. 2차 시험은 회계학 1부, 회계학 2부, 세법학 1부, 세법학 2부 네 과목으로 주관식 논술형 시험이에요. 요즘 추세는 제시된 세무 쟁점이나 판례에 대한 견해를 진술하는 것이라고 해요.

1차 시험은 매 과목 100점을 만점으로 하여 매 과목 40점 이상, 전 과목 평균 60점 이상을 득점해야 합격이에요. 절대평가고요. 2차 시험도 매 과목 100점을 만점으로 하여 매 과목 40점 이상, 전 과목 평균 60점 이상을 득점하면 합격이에요. 다만, 매 과목 40점 이상 전 과목 평균 60점 이상을 득점한 자가 최소 합격 인원에 미달하는 경우에는 동 최소 합격 인원의 범위 안에서 매 과목 40점 이상을 득점한 자 중에서 전 과목 평균 점수가 높은 순서로 합격자를 결정해요. 이런 식으로 진행된 자격시험에서 작년에만 706명의 합격자를 낸 거로 알고 있어요.

편 1차 시험에 합격하면 2차 시험까지 유예기간이 있나요?
최 네. 1차 시험에 합격한 후 1년간 유예를 해줘요. 저도 유예기간이 있어 합격할 수 있었죠. 현직에 있다 보니 한 해에 공부를 다 할 수가 없더라고요. 학생이라면 하루에 열 시간이든 열다섯 시간이든 공부할 수 있겠지만 저 같은 경우 일과 공부를 병행하다 보니 많이 해봐야 하루에 대여섯 시간 정도만 공부할 수 있었어요. 유예기간 두 달 정도를 남겨놓고 육아휴직을 하고 바짝 공부해서 2차 시험에 합격했죠.

편 독학으로도 합격이 가능한가요?

최 저 같은 경우 회계사 시험공부를 한 적이 있어서 세무사 시험을 준비하면서는 따로 강의를 듣지 않고 책을 보면서 혼자 공부했는데 보통의 경우 처음부터 혼자 공부해서 합격하기는 어려워요. 시험과목 중에는 비전공자인 경우 기본적인 개념을 이해하기가 다소 어려운 과목들이 있어 강의를 최소한 한두 번쯤은 들어야 하거든요. 그렇게 개념을 잡고 유형을 파악한 후에야 독학도 가능하다고 봐요. 그렇지만 단기간에 개념이 잡히는 과목들이 아니라 시간이 좀 걸려요. 그나마 전공자들은 좀 낫지만 비전공자들은 개념을 잡는 데만 1년 정도 걸리거든요.

편 경쟁률은 어느 정도인가요?

최 경쟁률이 높아지는 추세예요. 2016년도 1차 시험 응시자가 10,775명이었는데 2021년도에는 10,438명으로 응시자 수가 조금 줄었어요. 사실 1차 시험은 절대평가라 응시자 수에 큰 의미가 있는 건 아니지만요. 1차 시험의 합격률을 보면, 2016년도에는 10,775명이 응시해서 2,988명이 합격했고, 2021년도에는 10,438명이 응시해서 1,722명이 합격했어요.

2021년도에는 1차 시험의 난이도가 높아 합격률이 많이 낮았었네요. 2차 시험의 합격률을 보면 2016년도에는 6,036명이 응시해서 634명이 합격했고, 2021년도는 4,597명이 응시해서 706명이 합격했어요. 그 해의 1차 시험 난이도에 따라 다르지만 대략적인 경쟁률은 7대 1에서 10대 1 정도 되지 않나 싶네요.

편 나이 제한도 있나요?

최 나이 제한은 없어요. 관련 직종에 근무하다 세무사 시험에 합격하면 바로 개업을 목표로 하는 분들이 많고, 다른 일을 하다가 안정적인 직장을 찾아 시험을 보는 분도 많아서 응시 연령을 보면 나이가 좀 있는 분들이 많아요.

[편] 세무사가 되기에 유리한 전공이 있나요?

[최] 앞서 얘기했듯이 세무사 자격시험 과목에는 개념을 잡는 데 시간이 걸리는 과목이 많아서 전공자가 확실히 유리해요. 관련 전공으로 세무학과와 회계학과가 있고요. 경영학 전공자라도 회계나 세무와 관련된 과목을 중점적으로 수강했다면 그런 사람도 유리하겠죠.

[편] 대학이 아닌 학원에서 교육을 받아도 자격증 취득이 가능한가요?

[최] 그렇죠. 학력이나 대학에서 이수해야 할 과목, 학점 등의 제한이 없기 때문에 학원에서만 교육을 받아도 자격증 취득이 가능해요. 본인의 의지만 확고하다면 단기간에도 합격이 가능하지 않을까 싶고요. 제가 아는 분 중에 세무사와 전혀 관련이 없는 전공을 하고 번역 일을 하던 분이 있었는데 시험 준비한 지 2년 만에 합격했어요. 전공자도 아니었는데 집중력 있게 공부해서 금방 합격하더라고요.

청소년들은 학창 시절에
어떤 준비를 하면 좋을까요?

편 청소년들은 학창 시절에 어떤 준비를 하면 좋을까요?

최 중, 고등학교 때부터 전공 공부를 할 수는 없잖아요. 수리적인 감각이 있으면 좋은데 이게 어느 정도 타고나는 능력이라 키우기도 쉽지 않고요. 그런 것보다는 학창 시절을 이용해 다양한 경험을 해보는 게 필요하다고 생각해요. 그중에서도 독서를 통해 간접경험을 많이 하면 좋겠어요. 독서를 많이 할수록 사회현상에 대한 이해도 커지더라고요. 또 독서를 통해 다양한 분야의 지식을 많이 쌓게 되면 주요 쟁점을 분석하는 능력도 생기게 될 거예요.

편 공부를 잘해야 하나요?

최 물론 공부를 잘해야 시험에 합격할 수 있겠죠. 그렇지만 기본적인 실력과 더불어 꾸준히 공부할 수 있는 끈기도 필요해요.

편 세무사님은 시험 준비를 어떻게 하셨나요? 노하우가 궁금해요.

최 저 같은 경우는 대학 시절에 공인회계사 자격증을 따려고 공부했던 경험이 세무사 자격시험에 많은 도움이 되었어요. 중복되는 부분이 많아서 공부가 좀 수월했죠. 제 입으로 말하기는 좀 쑥스러운데 사실 제가 멘사예요. 그런데 이런 자격시험에서 머리가 좋고 나쁨은 큰 의미가 없더라고요. 그것보다는 공부할 때의 집중력과 끈기가 중요해요. 세 달을 열심히 해놓고 한 달을 쉬어버리면 효과가 없어요. 1년이든 2년이든 페이스를 잃지 않고 꾸준히 공부할 수 있는 끈기가 필요해요. 물론 그러려면 자기관리가 필수겠죠.

저는 독서실 같은 데 가지 않고 집에서 공부했어요. 다른 데에는 일절 관심과 신경이 가지 않게요. 생활패턴도 단순화했어요. 회사 가서 일하고 집에 와서는 밥 먹고 공부만 한 거죠. 건강관리도 중요하니까 잠깐씩 시간을 내서 산책도 했고요. 그렇지만 그냥 걷기만 하지는 않았어요. 스터디 카드를 만들어서 걸으면서도 카드를 보며 머릿속으로 배운 걸 정리해나갔죠.

📱 잠을 줄이지는 않았나요?

📗 사람마다 각자 스타일이 다르잖아요. 저는 잠은 꼭 자야 했어요. 하루에 일고여덟 시간은 꼭 잤는데 그렇지 않으면 다음날 집중이 안 됐거든요.

📱 시험 볼 때 계산기도 가지고 들어가나요?

📗 네. 시험에는 계산기를 가지고 들어가요. 단, 공학 계산기는 가지고 들어갈 수 없고 통칭 쌀집 계산기라고 지칭하는 단순 계산기만 가지고 들어갈 수 있어요.

편 시험은 1년에 한 번 있나요?

최 1년에 한 번 있어요. 보통 1차 시험이 봄에 있고 2차 시험은 여름에 있어요. 2022년 시험 일정을 보면, 1차 시험은 5월 28일에, 1차 합격자 발표는 6월 29일에, 2차 시험은 8월 27일에, 2차 합격자 발표는 11월 23일에 한다고 공고되었네요. 보통 1차 시험을 보고 일단은 합격 여부와 상관없이 바로 2차 시험공부를 하다가 합격 통지를 받으면 여름에 2차 시험을 보는 거죠.

편 시험을 준비하면서 힘들었던 점은 없었나요?

최 개인적으로 힘들었던 일이 있었는데 일반적인 얘기는 아닐 거예요. 당시 제가 세무서 민원실에서 근무를 했어요. 세무서 공무원은 다른 공무원들에 비해 일이 많은 편이에요. 야근도 많고, 주말에도 일하러 나와야 했죠. 저는 다행히 민원실로 발령이 났어요. 민원실은 9시에 출근해서 6시면 퇴근하고 주말 근무도 없어요. 대신 근무 시간 동안은 업무량이 상당하죠. 그래서 몸은 피곤하지만 개인 시간이 고정적으로 확보가 됐어요.

그 덕에 1차 시험에 합격했죠. 당시 갓난아기가 있었는데 아내가 육아를 도맡아 하면서 희생을 해준 덕도 컸어요. 그런데 2차 시험을 준비하는 중에 다른 부서로 발령이 났어요. 개인적으로 공부할 시간이 없어진 거죠. 육아도 계속해서 아내에게만 맡길 수는 없었고요. 이렇게 가다간 시험에 떨어질 거라 생각했고, 2차 시험을 두 달 정도 남기고 휴직을 선택했어요. 두 달 동안 열심히 공부해서 합격하게 되었고요.

편 그래도 안정된 직장이 있으니 불안감은 덜하지 않았나요?

최 그렇긴 하지만 그동안 공부했던 게 너무 아깝잖아요.

편 세무사가 되기 위해 필요한 자격이 있나요?

최 세무사 자격시험을 보고 합격하면 세무사 자격이 주어져요.

편 고졸이어도 자격증만 있으면 가능한가요?

최 네. 학벌은 중요하지 않아요.

편 세무사 자격증도 갱신이 필요한가요?

최 갱신은 따로 필요 없어요. 단, 매년 일정 시간 교육 이수를 해야 해요. 유지보수 교육이라고 하는데 세무사 정기총회 때 의무적으로 이틀 정도 가서 교육을 받게 되어 있어요. 또 세무사가 된 후, 세무사의 품위를 손상시키는 경우 징계위원회가 열리고 자격 정지나 자격 취소 같은 중징계를 받기도 해요. 그런 일이 발생하면 세무사 사이트에도 공지를 하기도 하고요.

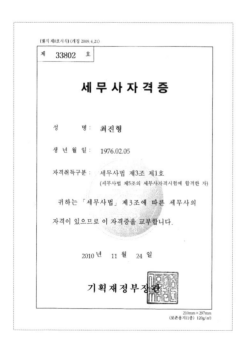 세무사 자격증 외에 실무에 도움이 되는 다른 요소가 있다면 무엇이 있을까요?

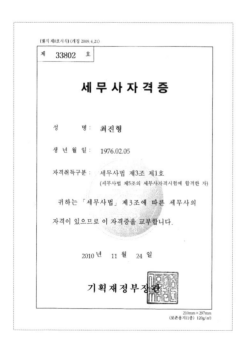 다른 전문직 같은 경우, 변호사든 변리사든 의사든 대부분 한 분야만 공부한 사람이 많은데 세무사는 유독 다른 일을 하다 온 사람이 많아요. 그래서 전직을 살려 그 분야를 접목해 자신의 강점으로 만드는 경우가 많죠. 저처럼 국세청에서 근

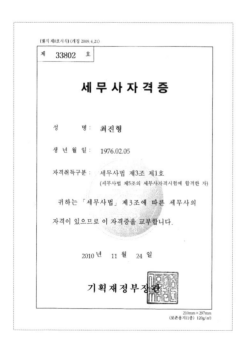

(별지 제8호서식) (개정 2009.4.21)

제 33802 호

세 무 사 자 격 증

성   명: 최진형

생 년 월 일: 1976.02.05

자격취득구분: 세무사법 제3조 제1호
(세무사법 제5조의 세무사자격시험에 합격한 자)

귀하는 「세무사법」 제3조에 따른 세무사의

자격이 있으므로 이 자격증을 교부합니다.

2010 년 11 월 24 일

기 획 재 정 부 장 관

210mm × 297mm
(보존용지(1종) 120g/㎡)

무한 경험도 강점이 될 수도 있고요. 세무서에서는 어떤 시스템으로 어떻게 과세가 되는지 더 잘 이해한다는 부분을 고객에게 어필할 수 있으니까요.

금융업이나 제조업 분야에서 일했던 분들 중에는 본인의 직장 경험을 살려 그 분야를 전문적으로 다루는 분들도 있어요. 결국 본인의 경험을 어떻게 잘 조합하느냐가 중요해요. 폭넓은 경험 자체가 이 분야에서는 무기이자 재산이에요. 또는 본인이 관심 있는 분야를 전략적으로 홍보해도 좋고요.

편 세무사가 되려면 외국어를 잘해야 하나요?

최 제 주변에 있는 세무사 중에 외국어를 특별히 잘하는 분은 거의 없어요. 저도 토익 점수만 합격선을 넘었지 회화는 거의 못 해요. 외국어를 반드시 잘해야 하는 건 아닌데 앞서 얘기했 듯이 다양한 경험과 마찬가지로 플러스 요인이 될 수는 있죠. 보통 세무사들이 국외 업무나 외국인 상대 업무를 꺼리거든 요. 그런데 국내에 외국인 사업자가 꽤 돼요. 그런 경우 직접 얘기하지 않고 외국인 사업자를 대리해주는 분과 얘기를 해 요. 그런데 그분들과 직접 소통할 수 있다면 외국인들이 더 선 호하지 않을까요?

좋은 세무사가 되기 위해서는
어떤 자질을 갖추어야 하나요?

편 좋은 세무사가 되기 위해서는 어떤 자질을 갖추어야 하나요?

최 일단은 수리적인 감각이 없으면 안 될 것 같아요. 이 감각을 타고나지 않았다면 후천적으로도 계발할 수 있는 거니까 노력이 필요해요. 수리적인 감각은 기본 중의 기본이니까요. 그다음으로 휴머니즘이 있어야 해요. 휴머니즘이라는 게 공감 능력을 발휘해 상대방의 입장이 되어 주는 것이죠. 세무사는 누군가의 대리인이에요. 당연히 나를 잘 챙겨주고 있다는 느낌을 주는 게 중요하죠.

또 지적 호기심도 필요해요. 우리가 항상 똑같은 일만 하지는 않잖아요. 법령도 계속 바뀌고요. 새로 발생한 사회현상이나 법령 등에 지적 호기심을 느낄 수 없다면 계속되는 공부와 업무에 스트레스를 받을 거예요.

마지막으로 필요한 게 정치 감각이에요. 정치 감각이라는 게 사실 모든 직장인들한테 다 필요하잖아요. 내가 상급자이건 하급자이건 직원들과의 관계를 원만히 풀어가기 위해서 정치 감각은 필수죠. 세무사는 기본적으로 납세자를 대변하는 일을 하는데 이 일이 조율을 하는 일이기도 해요. 납세자에게든 과세관청에게든 사실을 부드럽게 잘 설명하고 말을 잘 전달해야 하는데 정치 감각이 좋은 사람이 그 조율을 잘 하겠죠.

편 어떤 성격을 가진 사람들이 세무사에 적합한가요?

최 예전에 세무사라 하면 좀 보수적인 이미지가 있었는데 요즘은 그렇지도 않아요. 다른 분야와 마찬가지로 다양한 성격의 세무사가 있고, 어떤 성격의 사람이 세무사와 어울린다기보다는 어떤 성격이건 세무사 각자가 본인의 스타일을 이 업에 녹여가고 있어요.

주변을 봐도 영업 스타일이나 사무실 운영 스타일이 각양각색이고 업무 스타일도 정말 천차만별이더라고요. 그게 이 직업의 매력이기도 해요. 업종에 따라 자신을 맞춰가기보다는 자신이 원하는 방향으로 운영을 하는 게 중요한 요점인 거죠. 물론 여기서 말한 것은 개인 사무실을 운영하는 개업세무사의 경우예요. 근무세무사는 아무래도 일반 회사의 직원처럼 회사의 분위기를 따를 수밖에 없을 거예요.

개업세무사를 선택할지 근무세무사를 선택할지의 여부는 개개인의 성향에 따라 다를 것으로 생각해요. 앞서 얘기한 것처럼 좀 더 보수적이고 안정적인 방향으로 진로를 선택하는 경우 근무세무사의 길을 선택하지만, 일반 직장인과 마찬가지로 업무 영역이나 자율성에 있어서는 제약을 받는 측면이 있어요. 장점이 있으면 단점이 있는 법이니까요.

편 유학이 필요한가요?

최 일반적인 경우에는 유학이 필요하다고 보지는 않아요. 세법을 학문적으로 연구하는 경우라면 유학이 필요할 수도 있겠지만, 통상적으로 제가 아는 범주 내에서는 세무사라는 직업과 유학의 연관성은 거의 없어 보이네요.

세무사가 되면

세무사 시험에 합격하면 바로 근무가 가능한가요?

편 세무사 시험에 합격하면 바로 근무가 가능한가요?

최 대졸 초임자의 경우 일단 6개월간의 수습 기간이 필요해요. 그래야 자격증이 나오거든요. 수습 기간 동안 세무사 사무실에서 급여를 받으면서 일할 수도 있고, 국세청에서 급여 없이 연수를 받을 수도 있어요. 대부분 급여가 있는 세무사 사무실 근무를 원할 것 같지만, 세무서의 시스템을 배울 수 있는 기회라 국세청에서의 근무를 선호하는 사람도 있어요. 또 해당 지역에서 개업 예정인 경우 그쪽 세무서 공무원과 알고 지내면 나중에 일할 때 도움이 될 수도 있으니까요.

편 수습 기간 중의 급여는 정해져 있나요?

최 수습세무사의 급여는 해당 세무사 사무실에서 정해요.

편 연봉은 어느 정도인가요?

최 이제 막 대학을 졸업한 근무세무사의 연봉과 국세청에서 어느 정도 경력을 쌓은 경력직 세무사의 연봉은 다르겠죠? 초임자의 경우 3,000~3,500만 원 정도로 거의 비슷한 연봉을 받지만 지역과 회사의 상황에 따라 약간씩 달라져요. 경력직의 경우도 마찬가지로 경력과 지역 등에 따라 천차만별이고요. 저는 첫 연봉이 7,000만 원 정도였어요. 거기에 법인카드가 나와서 유류비, 점심과 저녁 식대를 결제할 수 있었죠.

편 세무사의 직급 체계는 어떻게 되나요?

최 일반적인 세무사 사무실의 경우 직원이 별로 없어서 직급 체계가 없는 경우가 많아요. 제가 근무한 곳은 직급이 있었는데, 임원진의 경우 대표이사, 회장, 부회장, 전무, 감사 등의 다양한 직급이 있었고 실무진은 세무사와 팀장 세무사가 있었죠. 그렇지만 직급이 있다고는 해도 모두들 전문직이라 상급자가 하급자에게 일방적인 지시를 하지는 않아요. 대개는 각자의 업무가 주어지고 업무를 진행하는 과정에서 해당 업무에 대한 견해가 적정한지 서로 의견 교환을 하는 정도죠.

막 입사한 세무사의 경우 상급자가 이런저런 업무를 알려주긴 하지만 경력이 어느 정도 된 직원에게는 각자 독립적인 업무가 주어져요. 그래서 직급이 있는 경우도 있지만 사실상 큰 의미는 없어 보여요. 전문 직종에서는 직급보다는 영업력이나 문서작성 능력, 법령해석 능력 등의 개인 능력이 더 크게 작용하는 것 같아요.

편 근무 시간은 어떻게 되나요?

최 근무 시간도 사무실마다 운영 방침에 따라 다르지만 보통 9시에 출근해서 6시에 퇴근하더라고요. 저는 너무 일찍 출근해 있으면 다른 직원들이 부담스러울까 봐 9시 좀 넘어서 출근해요. 미팅이 있는 경우 출근하지 않고 바로 거래처로 가는 경우도 종종 있고요. 6시가 퇴근 시간이긴 한데 퇴근 후 술자리가 일의 연장인 경우가 많아요. 지인을 만나도 일로 연결되는 경우가 있으니 그렇고, 사무장님과 함께 거래처 사장님이나 직원들과 만나는 자리도 많으니까요.

평소에는 야근이 거의 없어요. 부가세 신고 기간이 바쁘긴 하지만 이때도 매일 야근을 하는 건 아니에요. 신고 기간 중 가장 바쁜 시즌에만 9시, 10시까지 야근을 하죠. 그런 날이 1년 중 한 3~4개월 정도 되는 것 같네요. 그렇게 바쁜 시즌을 제외하고는 6시면 바로 퇴근해요. 저희 사무실의 경우 개인적인 일이 있으면 업무에 지장을 주지 않는 범위 내에서 개인 업무를 보게 해주고요. 또 8월 이후에는 일이 많지 않아서 5시로 퇴근 시간을 당겼어요.

편 근무 여건은 어떤가요? 사무실 환경이나 분위기도 궁금해요.

최 다른 업종도 마찬가지지만 세무사 사무실 역시 사업주의 개성에 따라서 분위기가 천차만별이죠. 저희 사무실의 환경이나 분위기를 제 입장에서는 좋다고 얘기할 수밖에 없고 이 문제는 직원들한테 물어봐야 할 것 같은데요? 어쨌든 저는 직원 입장에서 좋은 환경을 만들어 주려고 노력하고 있어요. 점심 식사 비용 같은 것에도 한도를 주는 것이 싫어서 카드를 주고 알아서 쓰게 해요. 비품도 마찬가지예요. 필요할 때마다 일일이 보고하면 서로 귀찮으니까 알아서 구입하게 하고 이면지를 쓰라는 등 아껴 쓰라는 말도 하지 않아요. 아껴 쓰면 좋긴 하지만 잔소리처럼 들려서 일의 능률을 올리는데 방해가 된다고 생각해서요.

편 직원 채용 기준이 있나요?

최 신입과 경력의 비율이 어느 정도 맞아야 수익 구조가 나기 때문에 인적 구성을 그 비율에 맞춰야 해요. 신입 직원을 채

용할 때 기본적으로 업무 능력을 고려하지만 이 사람이 입사해서 기존의 직원들과 잘 어울릴 수 있을지도 봐요. 왜냐하면 거래처에서는 담당자가 바뀌는 것을 매우 싫어해서 함께 오래 근무할 직원을 채용하는데 우리 분위기와 맞지 않으면 서로 힘들어지기 때문이에요. 세무 일이 연속성이 있는 일이라 한 사람이 일을 쭉 맡는 게 여러모로 좋기 때문에 제 입장에서도 직원이 자주 바뀌는 게 싫고, 좋은 직원들이 계속 오랜 기간 일해 주었으면 하죠.

편 노동 강도는 어느 정도인가요?

최 시즌과 비시즌의 노동 강도는 굉장히 달라요. 요즘은 비시즌이라 직원들이 한쪽에 드라마를 켜놓고 보면서 일하기도 하고 커피를 마시면서 잡담하고 보내거든요. 본인이 맡은 일만 잘 끝내 놓으면 뭘 하든지 터치를 안 해요. 그런데 시즌이 오면 일의 강도가 세지고 그 일로 스트레스를 받아 밥도 잘 못 먹어요. 시즌이 시작되기 전인 연말에는 비교적 편하게 보내지만 시즌의 초반인 새해가 다가올수록 흰머리가 늘어가기도 해요. 그래도 다시 비시즌이 돌아오니 견뎌내야죠. 어쩌겠어요.

편 정년은 언제까지인가요?

최 정년은 따로 없어요. 본인이 능력이 있고 업데이트가 가능해서 별문제 없이 일할 수 있을 때까지가 정년인 거죠. 60대에도 현역에서 활동하는 세무사들이 많이 있어요. 70대에도 왕성하게 활동하는 분들을 종종 뵙기도 하고요.

편 안정적인 직장으로 보여요.

최 네. 맞아요. 다른 전문 직종들이 부러워하는 면이 그거예요. 변호사나 법무사 등 다른 전문 직종들은 끊임없이 영업을 해야 되잖아요. 계속 사건 수임을 해야 하죠. 저희는 올해는 좀 쉬고 싶다는 생각이 들면 쉴 수가 있어요. 영업적인 측면에서는요. 그래도 매출에 큰 영향이 없죠. 기존에 있던 거래처로 몇 년씩은 가니까요. 노동 강도 역시 조절이 가능하고요. 힘은 좀 들지만 영업을 적극적으로 해서 회사의 규모를 키울 수도 있고, 현재에 만족하며 거래처 수를 유지하면서 좀 여유롭게 일할 수도 있죠.

편 세무사 사무실 개업을 한 후 부도가 나는 경우도 있나요?

최 있긴 있어요. 요즘은 전문자격사라 하더라도 예전처럼 자격증만 가지면 모든 것이 해결되는 시절보다는 경쟁이 심해져서 힘들긴 하죠. 그래도 자영업이나 개인사업보다는 실패 확률이나 어려움이 훨씬 덜하다고 생각해요. 위에서 언급한 사업 운영방식에 따라 리스크의 크기도 조금은 다르지만 세무사 개업의 경우 커다란 투자 비용이나 유지 비용이 들지는 않잖아요. 고정적으로 임대료와 인건비만 들거든요. 인건비의 경우도 거래 업체 수에 맞춰서 채용하다 보니 처음부터 큰 손실이 나는 경우는 없어요.

보통 몇 년 동안 거래 업체 수가 늘지 않아 손실이 누적돼서 사업 실패를 하는 경우가 가끔 있어요. 그래도 전문자격사는 본인 사업을 접더라도 다른 곳에 취업할 수 있다는 점이 좋은 면이라고 생각해요. 영업에 자신이 없다면 본인이 직접 전산 작업 등의 실무를 하면서 사업 규모를 슬림화하고 인건비를 절감하는 방법도 있고요. 실제로 직원은 한 명만 채용하고 본인이 실무적인 일까지 담당하면서 작은 규모로 운영하는 세무사들도 많이 있어요.

편 직업병이 있나요?

최 특별히 심각한 직업병은 없는데, 혼자 결정을 내려야 하는 것에서 스트레스를 받는 분들도 있어요. 이 일을 하다 보면 전문적인 의사 판단을 내려야 할 순간이 많거든요. 그런데 실제 상황을 법령에 적용하여 해석하는 것이 난해하고 애매한 경우가 종종 있어요. 이게 틀린 판단인지 맞는 판단인지 확신이 들지 않아도 어쨌든 방향을 제시해주고 답을 내려야 하죠.

누군가의 조언을 듣더라도 결국 최종 판단은 혼자 해야 해요. 그런 과정을 자주 겪다 보니 의사결정을 내릴 때마다 고독감을 느끼고 외로워하는 분들이 있어요. 저는 사무장님과 친해서 호형호제하는 사이라 그런 부분은 좀 덜해요. 함께 예민한 쟁점도 편하게 얘기하죠. 다른 분들도 저처럼 함께 의지하며 마음을 터놓고 얘기할 수 있는 파트너 같은 분이 필요해 보여요.

편 세무사 생활을 하면서 가장 기억에 남는 순간은 언제였나요?

최 세무사가 되고 난 후 처음 조세불복에 들어갔던 때가 기억나요. 지금은 경력이 쌓여서 조세불복을 여러 번 해봤고 좀 무뎌졌는데 그때는 처음이라 그런지 이겼을 때 정말 뿌듯했거든요. 저희끼리 농담으로 세무사를 무사라고 해요. 그 농담처럼 무사가 되어 하나의 쟁점에서 글과 말로 진검승부를 했고 거기서 이긴 거잖아요. 엄청난 성취감과 뿌듯함을 느꼈죠. 조세불복뿐만 아니라 기장 대행 같은 평범한 일 하나하나에도 책임감을 갖고 성실히 일해 왔더니 2014년에는 국세청장의 표창장을 받았어요. 그 일도 기억에 남네요.

편 세무사의 일에도 보수가 정해져 있나요?

최 특별히 정해진 보수표는 없어요. 규모가 큰 법인의 경우 내부적으로 보수표를 만들긴 해요. 개인사업자의 경우도 참고하기 위해 보수표를 사적으로 만들어 정하는 경우도 있고요.

그렇지만 법령으로 정해진 보수가 없어서 사무실마다 내부 기준이 모두 달라요.

또 사무실마다 내부 기준이 있긴 하지만 거래처와 만나 이야기하다 보면 상대방이 보수에 대해 납득을 하지 않는 경우가 있어요. 결국 협상인 거죠. 그렇지만 하한선은 있어요. 예를 들어 기장료를 두고 협상을 하는데, 상대방이 다른 업체에

서는 얼마를 받는다고 그 금액에 맞춰달라고 하면 아예 거래
를 하지 않아요. 기장료라는 게 금액을 낮추면 품질이 떨어지
게 마련이거든요. 낮은 금액으로도 기장은 가능하겠지만 그럴
경우 꼭 문제가 발생하더라고요. 그래서 저는 하한선은 지키
고 있어요.

편 조세불복 수임료도 정해진 게 없는 건가요?

최 없어요. 조세불복 역시 납세자와 협의하기 나름이에요.
난이도에 따라 혹은 걸려 있는 세금의 많고 적음에 따라 수임
료를 협의하는 거죠.

편 다른 분야로 진출이 가능한가요?

최 세무사 자격증을 따서 이 자격증을 가산점으로 활용해 공무원이 되는 사람도 있어요. 은행의 PB^{Private Banker, 고액자산가의 자산} 관리를 도와주는 금융회사 직원 중에도 세무사 자격증을 가진 분들이 많고요. PB가 금융 서비스뿐만 아니라 세무 등 비금융 서비스도 제공하거든요. 이 외에 대기업에 들어가기 위한 취업의 수단으로 자격을 취득하는 사람도 있죠.

나도 세무사

김○○씨는 2015년 8월 23일 상가 한 채를 구입했어요. 몇 년 후 2022년 2월 14일 잔금을 받고 이○○씨에게 상가에 대한 소유권을 이전했죠. 상가의 취득과 양도에 든 비용은 다음과 같아요.

• 양도 시 매매가액	350,000,000원
• 취득 시 매매가액	220,000,000원
• 취등록세	10,120,000원
• 부동산 수수료	880,000원
• 부동산 등기 관련 비용	700,000원
• 자본적 지출액	15,000,000원

　　양도소득세란 토지나 건물 등을 팔았을 때 판 금액에서 살 때의 금액을 뺀 양도차익에 대해 부과되는 세금을 말해요. 양도소득세는 과세대상 부동산 등의 취득일부터 양도일까지 보유 기간에 발생된 이익(소득)에 대하여 양도 시점에 일시 과세하며, 부동산 양도로 인하여 소득이 발생하지 않았거나 오히려 손해를 본 경우에는 양도소득세가 과세되지 않아요.

김○○씨의 경우 양도하면서 차익이 발생했으니 양도소득세를 내야겠죠? 참고로 양도소득세의 예정신고 납부기한은 해당 부동산 등을 양도한 달의 말일로부터 2개월 이내예요. 그러니 이 경우 상가에 대한 양도소득세 신고 및 납부기한은 2022년 4월 30일이죠.

그럼 이제 신고할 양도소득세액이 얼마인지 계산해볼까요? 양도소득세는 이렇게 계산해요.

총수입금액 (양도가액)
− 필요경비 (취득가액+기타의 필요경비)

= 양도차익
− 장기보유특별공제 (양도차익×(10%~80%))

= 양도소득금액
− 양도소득기본공제 (연 250만 원)

= 양도소득과세표준
× 세율

= 양도소득산출세액

용어가 너무 생소한가요? 각 용어의 의미에 대해 알려드릴게요. 총수입금액(양도가액)은 부동산 등을 처분하고 받은 대가 금액이며, 취득가액은 부동산을 취득하기 위해 발생하고 지급한 금액이에요. 기타의 필요경비란 자본적 지출액^{보유 기간} 중 부동산 등의 자산 가치를 증가시키기 위해 지출한 비용으로 세법상 정해진 지출액 **및 양도비**^자 산을 양도하기 위해 지출한 비용으로 세법상 정해진 비용를 말해요. 3년 이상 보유한 부동산 등을 양도할 시에는 양도차익의 일정 비율을 공제하고 있는데 이를 장기보유특별공제라고 하며, 장기보유특별공제율 은 다음과 같아요.

장기보유특별공제율

[표 1] 일반적인 경우 장기보유특별공제율

보유 기간	3년	4년	5년	6년	7년	8년	9년	10년	11년	12년	13년	14년	15년 이상
공 제 율	6%	8%	10%	12%	14%	16%	18%	20%	22%	24%	26%	28%	30%

*〈1세대 1주택〉 보유기간이 3년 이상이나 거주기간이 2년 미만인 경우 표1 적용

[표 2] 1세대 1주택 장기보유특별공제율

	구분	3년~	4년~	5년~	6년~	7년~	8년~	9년~	10년~
공 제 율	보유기간	12%	16%	20%	24%	28%	32%	36%	40%
	거주기간	12(8*)%	16%	20%	24%	28%	32%	36%	40%
	합계	24(20*)%	32%	40%	48%	56%	64%	72%	80%

양도소득 기본공제는 양도소득이 있는 거주자에 대해서 부동산 등 자산의 소득별로 해당 과세기간의 양도소득금액에서 각각 연 250만 원을 공제해주는 걸 말해요. 자산의 종류와 보유 기간 및 보유 목적 등에 따라 다양한 세율을 적용하고 있지만 김○○ 씨의 경우 일반적인 기본 세율에 따르므로 기본 세율표를 제시해드릴게요. 2022년도 기본세율표예요.

과세표준	세율	누진공제
1,200만 원 이하	6%	
4,600만 원 이하	15%	1,080,000
8,800만 원 이하	24%	5,220,000
1억5천만 원 이하	35%	14,900,000
3억 원 이하	38%	19,400,000
5억 원 이하	40%	25,400,000
5억 원 초과	42%	35,400,000

양도소득세 계산이 모두 끝났나요? 본인이 계산한 세액이 제가 계산한 금액과 맞는지 확인해보세요.

총수입금액 (양도가액)	350,000,000
− 필요경비 (취득가액+기타의 필요경비)	1) 246,700,000
= 양도차익	103,300,000
− 장기보유특별공제 (양도차익×(10~80%))	2) 12,396,000
= 양도소득금액	90,904,000
− 양도소득기본공제 (연 250만 원)	2,500,000
= 양도소득과세표준	88,404,000
× 세율	35% 누진세율
= 양도소득산출세액	3) 16,041,400

1) (220,000,000+10,120,000+880,000+700,000)+15,000,000
2) 103,300,000×0.12
3) 88,404,000x0.35−14,900,000

김○○ 씨가 2022년 4월 30일까지 신고 및 납부해야 하는 양도소득세는 16,041,400원이에요. 여기에 양도소득세에 부속된 세금인 지방소득세(양도소득세의 10%)도 함께 납부해야 해서 1,604,140원을 더해 총 17,645,540원을 납부하면 돼요.

위에 설명된 세법사항들은 양도소득세 신고 사례 중 가장 단순한 경우를 상정한 것이에요. 실제로 중간의 산식들에는 생략된 부분들도 있으며, 각 계산 단계에는 여러 가지 복잡한 사실 판단의 문제들이 존재하고 있어요. 그러니 실제 업무

에서는 각 케이스마다 세법을 어떻게 적용할지에 대한 고민이
필요하겠죠?

누진세율

과세표준이 점점 커져감에 따라 적용되는 세율도 점점 높아지는 형
태의 세율을 말해요. 현행 세법상 법인세, 소득세 등 소득에 부과되
는 세금은 담세력_{세금을 부담할 수 있는 능력}이 큰 개인이나 법인에게 더 많은
세금을 부과하도록 누진세율을 적용하고 있어요.

㈜○○비철금속은 성실하게 사업을 영위하며 부가가치세나 법인세 등의 국세도 정당하고 적법하게 신고·납부 중이었어요. 그러던 어느 날 A 세무서로부터 서면통보를 받았어요. ㈜○○고철로부터 받은 세금계산서와 관련하여 실제로 거래한 것이 맞는지의 여부와 실제 거래가 맞는다면 이에 대해서 입증을 하라는 내용이었죠.

㈜○○비철금속은 성실사업자로서 그동안 정당하게 거래 해왔으므로 별다른 고민 없이 A 세무서에 해당 거래와 관련된 자료를 제출하고 실제로 거래를 했다는 사실을 입증했어요. 그러나 며칠 후 A 세무서로부터 사실과 다른 세금계산서라는 명목으로 ○천만 원의 과세를 예고하는 과세예고통지를 받게 되었죠. ㈜○○비철금속은 이제 어떻게 해야 할까요?

과세가 부당하다는 생각이 들 때 우리는 조세불복제도를 이용할 수 있어요. 세법에 의한 처분이 위법하거나 부당하거 나 혹은 필요한 처분을 받지 못해 권리나 이익을 침해당한 경우 과세관청에 그 처분의 취소나 변경 또는 필요한 처분을 청구하는 것을 조세불복제도라고 해요. 조세불복에는 과세 전단계의 사전적 구제제도인 과세 전 적부심사와 사후적 구제제도인 이의신청, 심사청구, 심판청구 등의 행정심판과 이후 법정에서 이를 다투는 행정소송이 있어요.

사실과 다른 세금계산서? 과세예고통지? 이 용어들이 좀 생소할 것 같은데요. 통상적으로 국내의 거래처들 간에 상행위를 하는 경우에 재화나 용역을 공급하는 업체는 상대방에게 세금계산서라는 일종의 거래증표를 발급할 의무가 있어요. 이는 각종 세무신고의 근간이 되는 거래 이후의 행위죠. 실질적인 상행위 없이 허위로 세금계산서만을 발급하거나 혹은 실질적인 상행위는 있었지만 거래의 공급자나 수요자 일방이 실질적인 상행위자와 세금계산서 상에 기재된 자가 상이한 경우를 사실과 다른 세금계산서라고 해요.

그리고 과세예고통지란 과세관청에서 실질적인 행정처분을 내리기 전에 납세자에게 이 행정처분 내용의 금액과 사유를 미리 알려주는 통지서를 의미해요. 해당 통지서를 받은 사업자는 통지서를 받은 후 30일 이내에 행정처분의 부당함을 주장하는 과세 전 적부심사를 청구할 수 있죠.

조세불복은 어려운 법령해석을 어떻게 적용할 것인가를 다투는 것이 대부분이지만, ㈜○○비철금속의 경우처럼 거래가 실제로 이루어졌느냐 아니냐를 다투는 비교적 간단한 판단 문제도 있어요. 복잡한 법령과 이에 대한 해석을 다투는 문제는 아니지만 이 사건처럼 실질적인 입증을 하는 문제에 있어서도 많은 고민과 창의성이 필요해요.

조사 결과 ㈜○○비철금속은 ㈜○○고철과 실제로 거래한 것이 맞으며, ㈜○○고철은 정상적인 사업 행위를 하는 업체였으나 경영난으로 인한 폐업 직전에 자료상을 통하여 사실과 다른 고액의 세금계산서를 발급하고 이에 대한 수수료를 챙겨 잠적한 것으로 밝혀졌어요. 과세 전 적부심사에서도 전원일치로 사실 거래가 맞다고 인정해 ㈜○○비철금속은 부당한 행정처분을 면하게 되었어요.

여기서 자료상이란 단기간에 실질적인 경제행위 없이 세

금계산서만을 허위로 발급하여 그에 대한 수수료를 받고 세금 납부는 이행하지 않는 범법행위를 저지르는 경제사범을 지칭해요. 과세관청에서는 이러한 사회악적인 행위를 하는 경제사범을 색출하고 예방하기 위해 제도적인 개선 및 각종 조사와 형사고발에 힘쓰고 있어요.

생활 속 세금

“

세금! 아직도 낯설고 어렵기만 한가요?
우리 생활과 가까이 있는
생활 속 세금에 대해 몇 가지 소개할게요.

”

종합소득이 있는 사람은 다음 해 5월 1일부터 5월 31일(성실신고 확인대상 사업자는 6월 30일)까지 종합소득세를 신고·납부해야 해요. 종합소득은 이자, 배당, 사업(부동산 임대), 근로, 연금 등으로 발생한 소득을 말하죠. 단, 일반 직장인처럼 근로소득만 있는 사람으로서 연말정산을 한 경우라면 종합소득세를 확정신고하지 않아도 돼요.

소득세는 사업자가 스스로 본인의 소득을 계산하여 신고하고 납부하는 세금이므로, 모든 사업자는 장부를 비치·기록해야 해요. 간편장부대상자(해당 과세기간에 신규로 사업을 시작한 사업자 등) 이외의 모든 사업자는 재산 상태와 손익거래 내용의 변동을 빠짐없이 차변과 대변으로 나누어 기록한 장부를 기록·보관해야 하며, 이를 기초로 작성된 재무제표를 신고서와 함께 제출해야 하죠. 일반인에게는 매우 어렵고 복잡하게 느껴질 것 같네요. 그래서 사업자는 이 업무를 세무사에게 맡기고 있어요.

사업자 스스로 세금을 계산한다니 거래 내용을 축소하고 세금을 덜 내거나 아예 신고를 하지 않는 사람도 있지 않을까 싶은데요? 세금신고를 하지 않는 경우, 각종 세액공제 및 감면을 받을 수 없어요. 또한 무거운 가산세를 부담하게 되죠. 잊지 말고 신고하세요.

01 무신고가산세 : ①, ② 중 큰 금액

　① 무신고납부세액×20%(부정무신고 시 40%, 국제거래 부정무신고 시 60%)

　② 수입금액×0.07%

　※ 무기장가산세(산출세액의 20%)와 동시에 적용되는 경우에는 그중 가산세액이 큰 가산세를 적용해요.

02 납부불성실가산세=미납부세액×0.022%(22/100,000)× 경과일수

세무사의 재능기부, 마을세무사

마을세무사란 말을 들어보신 적이 있나요? 주민들의 세금 고민 해결을 위해 무료로 상담해주는 우리 이웃 세무사가 있어요. 바로 마을세무사죠. 마을세무사는 세금 고민이 있지만 상담을 받기 어려운 주민에게 지방세 및 국세와 관련한 어려운 세금 문제를 상담해드리고 있어요. 어려운 세금 문제, 가까운 마을세무사에게 물어보세요.

저소득층이나 영세사업자 등을 우선 상담하기 위해 일정 금액 이상의 재산을 보유한 경우 상담이 제한될 수 있어요. 한국세무사회, 행정자치부, 자치단체의 홈페이지나 자치단체의 민원실, 읍면동의 주민센터에 비치된 홍보자료 등을 통해 본인의 거주지와 가까운 곳에 있는 마을세무사를 찾아보세요. 우선 전화나 팩스, 이메일을 통해 상담할 수 있으며, 추가 상담이 필요하면 마을세무사를 직접 만나서 상담할 수도 있어요.

세무 상담 비용이 부담스러운 분들을 위해 한국세무사회는 인터넷으로 무료 세무 상담을 하고 있어요. 한국세무사회 홈페이지에 들어가서 상담을 받을 수도 있고, 내방 상담이 필요한 경우 예약을 하면 세무사와 직접 만나 상담도 받을 수 있어요.

- 한국세무사회 www.kacpta.or.kr
- 내방 상담을 위한 예약전화 02-587-3572

세무사
업무 엿보기

세무사는 어떤 일을 하는지 감이 좀 잡히셨나요?
기장 대행, 조세 상담 등 세무사의 다양한 업무 중
양도소득세, 상속세, 증여세 신고 · 납부에 대해
좀 더 깊이 있게 알아보기로 해요.

양도소득세란 개인이 토지, 건물 등 부동산이나 주식의 양도 또는 분양권과 같은 부동산에 관한 권리를 양도함으로 인하여 발생하는 이익(소득)을 과세대상으로 하여 부과하는 세금을 말해요. 과세대상이 되는 부동산 등의 취득일부터 양도일까지 보유 기간 동안 발생된 이익(소득)에 대하여 양도 시점에 일시 과세하게 되죠. 따라서 부동산 양도로 인하여 소득이 발생하지 않았거나 오히려 손해를 본 경우에는 양도소득세가 과세되지 않아요.

양도소득세가 과세되는 자산의 범위는 다음과 같아요.

부동산_ 토지, 건물(무허가, 미등기 건물도 과세 대상 포함)
부동산에 관한 권리_ 부동산을 취득할 수 있는 권리, 지상권, 전세권, 등기된 부동산임차권
주식 등_ 상장법인의 주식 등으로서 당해 법인의 대주주 양도분과 장외시장 양도주식, 비상장주식
기타자산_ 사업용 고정자산과 함께 양도하는 영업권, 특정시

설물 이용권 · 회원권, 특정주식, 부동산과다보유법인 주식 등

파생상품_ 「자본시장과 금융투자업에 관한 법률」 제5조 제2항 제1호 및 제3호에 따른 장내파생상품 중 코스피200 선물 · 옵션, 미니코스피200 선물 · 옵션

양도란 자산의 소유권 이전을 위한 등기 등록에 관계없이 매매, 교환, 법인에 현물출자 등으로 자산이 유상(대가성)으로 사실상 소유권 이전되는 경우를 말해요. 증여자의 부동산에 설정된 채무를 부담하면서 증여가 이루어지는 부담부증여에 있어서 수증자가 인수하는 채무상당액은 그 자산이 사실상 유상 양도되는 결과와 같으므로 양도에 해당하죠. 반면 양도로 보지 않는 경우가 있는데, 이는 신탁해지를 원인으로 소유권이 원상회복되는 경우, 공동소유 토지를 소유자별로 단순 분할 등기하는 경우, 도시개발법에 의한 환지처분으로 지목 또는 지번이 변경되는 경우 등을 말해요. 또한, 배우자 또는 직계존비속 간 매매로 양도한 경우에는 증여한 것으로 추정되어 양도소득세가 과세되지 않고 증여세가 과세되죠.

양도소득세는 조세 정책적 목적으로 비과세하거나 감면되

는 경우가 있어요. 1세대가 양도일 현재 국내에 1주택을 보유하고 있는 경우로서 2년 이상 보유한 경우에는(조정 대상 지역인 경우 2년의 거주 요건이 추가됨) 양도소득세가 과세되지 않아요. 단, 양도 당시 실지거래가액이 12억 원을 초과하는 고가주택은 제외되죠. 또 주택에 딸린 토지가 도시지역 안에 있으면 주택정착 면적의 5배까지, 도시지역 밖에 있으면 10배까지를 양도소득세가 과세되지 않는 1세대 1주택의 범위로 보게 돼요. 감면되는 경우는 장기임대주택, 신축주택 취득, 공공사업용 토지, 8년 이상 자경농지 등의 경우 감면요건을 충족한 때죠.

부동산을 양도한 경우에는 양도일이 속하는 달의 말일부터 2개월 이내에 주소지 관할세무서에 예정신고 · 납부를 해야 해요. 예를 들어, 2022년 1월 5일 잔금을 받았다면 양도소득세 예정신고 · 납부기한은 2022년 3월 31일까지죠. 예정신고를 하지 않으면 납부할 세액의 20%인 무신고가산세와 1일 0.022%의 납부불성실가산세가 부과되니 잊지 마세요. 해당 연도에 부동산 등을 여러 건 양도한 경우에는 그 다음해 5월 1일부터 5월 31일 사이에 주소지 관할세무서에 확정신고를 해야 해요. 다만, 한 건의 양도소득만 있는 자가 예정신고를 마친 경우에는 확정신고를 하지 않아도 돼요. 예정신고나 확정신고를 하지 않은 때는 정부에서 결정·고지하게 되며, 신고·납부를 하지 않은 경우 무신고가산세 20%(또는 40%), 납부불성실가산세 1일 0.022%를 추가 부담하게 돼요. 양도소득세는 납부할 세액이 천만 원을 초과하는 경우 납부할 세액의 일부를 납부기한 경과 후 2개월 이내에 나누어 낼 수 있으니 참고하세요.

상속세 신고 · 납부

상속세란 사망으로 그 재산이 가족이나 친족 등에게 무상으로 이전되는 경우에 당해 상속재산에 대하여 부과하는 세금을 말해요. 상속세 납세의무가 있는 상속인 등은 신고서를 작성하여 신고기한까지 상속세를 신고 · 납부해야 하죠.

상속인이란 혈족인 법정상속인과 대습상속인, 망인의 배우자 등을 말하며, 납세의무가 있는 상속포기자, 특별연고자도 포함돼요. 민법에서는 상속이 개시되면 유언 등에 의한 지정상속분을 제외하고 사망자(피상속인)의 유산은 그의 직계비속, 직계존속, 형제자매, 4촌 이내의 방계혈족 및 배우자에게 상속권을 부여하고 있어요.

상속인이나 수유자는 세법에 의하여 부과된 상속세에 대하여 각자가 받았거나 받을 재산(상속으로 얻은 자산총액-부채총액-상속세)을 한도로 연대하여 납부할 의무가 있어요. 각자가 받았거나 받을 재산에는 상속재산에 가산하는 증여재산이나 추정상속재산 중 상속인이나 수유자의 지분 상당액이 포함되죠. 따라서 상속세 납세의무자 중 일부가 상속세를 납부하지 아니한 경우에는 다른 상속세 납세의무자들이 미납된 상속세에 대하여 자기가 받았거나 받을 재산을 한도로 연대 납부할 책임이 있어요.

증여세 신고 · 납부

증여세는 타인으로부터 재산을 무상으로 받은 사람, 즉 수증자가 신고 · 납부해야 해요. 다만, 특정한 경우에는 증여자도 수증자가 납부할 증여세에 대하여 연대하여 납부할 책임이 있죠.

증여세 과세대상은 수증자에 따라 차이가 있는데, 수증자가 거주자인 경우(본점이나 주된 사무소의 소재지가 국내에 있는 비영리법인 등 포함) 국내 · 외 모든 증여재산이 과세대상이며 수증자가 비거주자인 경우(본점이나 주된 사무소의 소재지가 국내에 없는 비영리법인 등 포함) 국내 소재 모든 재산, 거주자로부터 증여받은 해외 금융기관의 예금 등, 국내 재산 과다 보유 외국법인의 주식 및 출자지분이 과세대상이에요. 단, 수증자가 영리법인인 경우 영리법인이 납부할 증여세는 면제되죠.

증여세는 재산을 증여받은 수증자가 납부하는 것이 원칙이지만 수증자가 다음 중 어느 하나에 해당하는 경우에는 수증자가 납부할 증여세에 대하여 증여자가 연대하여 납부할 의무가 있어요. 수증자의 주소 또는 거소가 분명하지 아니한 경우로서 조세채권의 확보가 곤란한 경우와 수증자가 증여세를 납부할 능력이 없다고 인정되는 경우로서 체납처분을 하여도 조세채권의 확보가 곤란한 경우죠. 그러나 수증자가 증여일 현재 비거주자에 해당하거나 주식 등을 타인 명의로 명의신탁하여 증여세가 부과되는 경우는 위의 사유에 해당하지 않더라도 증여자가 연대하여 납부할 의무가 있어요.

세무서 투어

"

여기는 제가 일했던 김포세무서예요.
세무서 곳곳을 돌아보며
세무서에서는 어떤 일을 하는지
알아볼까요?

"

이곳은 일반 민원인이 세무서에 방문하는 경우 가장 먼저 접하는 곳이에요. 민원봉사실이죠. 이곳에서는 사업자등록, 사업자의 휴 · 폐업 신고, 증명서 발급, 서류 접수 업무를 해요. 간혹 민원실에서 근무하는 분들을 국세공무원이 아니라고 생각하는 분들도 있는데 모두 국세공무원이에요. 저도 국세공무원이 되어 북인천세무서에 발령을 받고 해당 과에 근무했었죠. 민원봉사실에는 다양한 양식의 서식이 비치되어 있는데요. 그 중 〈사업자등록 신청서〉는 납세의 의무를 지는 사업자에 관한 정보를 세무서에 신고하여 등록하는데 사용하는 서식이에요. 사업자라면 세무서와의 첫 만남은 사업자등록 신청으로 시작해요. 옆에 〈국세 증명발급 등 민원신청서〉가 있네요. 이 서식은 민원봉사실에서 가장 많이 받는 서류로 국세청에서 납세자의 소득 등에 대해 입증해줄 수 있는 증명을 발급해주기 위한 서류예요.

사업자등록 신청서(개인사업자용)
(법인이 아닌 단체의 고유번호 신청서)

※ 사업자등록의 신청 내용은 영구히 관리되며, 납세 성실도를 검증하는 기초자료로 활용됩니다.
　아래 해당 사항을 사실대로 작성하시기 바라며, 신청서에 본인이 자필로 서명해 주시기 바랍니다.
※ [ ]에는 해당되는 곳에 √표를 합니다.

(앞쪽)

접수번호		처리기간	3일(보정기간은 불산입)

1. 인적사항

상호(단체명)		전화번호	(사업장)
성명(대표자)	.		(자택)
			(휴대전화)
주민등록번호		FAX번호	
사업장(단체) 소재지			층　　　호

2. 사업장 현황

업 종	주업태		주종목		주생산 요소		주업종 코드		개업일	종업원 수
	부업태		부종목		부생산 요소		부업종 코드			

사이버몰 명칭		사이버몰 도메인	

사업장 구분	자가 면적	타가 면적	사업장을 빌려준 사람 (임 대 인)			임대차 명세			
			성 명 (법인명)	사업자 등록번호	주민(법인) 등록번호	임대차 계약기간	(전세) 보증금	월 세	
	㎡	㎡				. . . ~ . . .	원	원	

허 가 등 사업 여부	[ ]신고 [ ]등록 [ ]허가 [ ]해당 없음	주류면허	면허번호	면허신청
				[ ]여 [ ]부

개별소비세 해당 여부	[ ]제조 [ ]판매 [ ]입장 [ ]유흥

사업자금 명세 (전세보증금 포함)	자기자금	원	타인자금	원

사업자 단위 과세 적용 신고 여부	[ ]여 [ ]부	간이과세 적용 신고 여부	[ ]여 [ ]부

전자우편주소		국세청이 제공하는 국세정보 수신동의 여부	[ ]동의함 [ ]동의하지 않음

그 밖의 신청사항	확정일자 신청 여부	공동사업자 신청 여부	사업장소 외 송달장소 신청 여부	양도자의 사업자등록번호 (사업양수의 경우에만 해당함)
	[ ]여 [ ]부	[ ]여 [ ]부	[ ]여 [ ]부	

210mm×297mm[백상지 80g/㎡ 또는 중질지 80g/㎡]

국세 증명발급 등 민원신청서

* 해당 ☐에 ○표를 하시고, 위임하실 때에는 안전을 위하여 위임하지 아니한 모든 항목에 대해서 X 표를 해 주십시오
* 영문 란은 영문증명을 신청하실 경우에만 기재합니다.

납세자	성명(대표자)	한글:	상호(법인명)	한글:
		영문:)		영문:)
	주민등록번호		사업자등록번호	
	사업장/주소지	한글:		
		영문:)		
	연 락 처	휴대폰:	사업장 또는 집 전화:	

증명발급	증명의 종류	증명기간	매수	
	☐ 소득금액증명 (종합소득세 신고자, 근로소득자, 연말정산한 사업소득)	~		한글·영문
	☐ 부가가치세 과세표준 증명	~		
	☐ 부가가치세 면세사업자 수입금액 증명	~		
	☐ 표준 재무제표 증명	~		
	☐ 납부내역증명(납세사실증명)	~		
	☐ 납세증명서(국세체납이 없다는 증명): 매			
	☐ 사업자등록 증명: 매 ☐ 휴업사실 증명: 매 ☐ 폐업사실 증명: 매			한글
	☐ 연금보험료 등 소득·세액 공제확인서: 매 ☐ 모범납세자 증명: 매			
	☐ 소득확인증명 (서민형 개인종합자산관리계좌 가입용): 매			
	☐ 근로(자녀)장려금 수급사실증명: 매 기타 ( ): 매			
기타민원	☐ 사업자등록증 재발급 ☐ 기타 ( )			
용도	☐입찰계약 ☐수금용 ☐관공서 ☐대출 ☐여관비자신청 ☐건강보험·국민연금공단 ☐금융기관 ☐신용카드 발급 ☐기타			
공개여부	(주민등록번호) ☐공개 ☐일부공개, (주소) ☐공개 ☐미공개 제출처			

| ☐ 공동사업자의 성명 | 한글: (영문:) |
| ☐ 원천징수의무자의 상호 | 한글: (영문:) |

위와 같이 신청합니다.

년 월 일

위 납세자 : (서명 또는 인)

세무서장 귀하

개인정보 수집·이용에 대한 동의 (개인정보보호법 제24조)

(수집·이용목적) 증명발급, 사후관리 등 (보유·이용기간) 5년
(수집대상 고유식별정보) 주민등록번호, 외국인등록번호, 여권번호 등

☐ 상기내용에 대해 동의합니다. ☐ 상기내용에 대해 동의하지 않습니다.

납세자 본인(서명 또는 인) : 위임받은 사람(서명 또는 인) :

※ 동의를 거부할 권리가 있으며, 거부할 경우 증명발급 불가능 등 불이익이 따를 수 있습니다.
(납세증명서 및 연금소득자들의 소득공제명세서는 개인정보 수집·이용 동의가 필요하지 않음)

편리한 국세증명 발급방법 안내(무료)

◎ 다음 방법을 이용하시면 세무서를 방문하지 않고도 편리하게 국세증명을 발급 받으실 수 있습니다.
· (무인민원발급기) 지자체 무인민원발급기에서 지문으로 접속하여 발급(개인, 법인 대표)
· (홈 택 스) 인터넷(hometax.go.kr)에서 공인인증서로 접속하여 발급
· (민 원 24) 인터넷(minwon.go.kr)에서 공인인증서로 접속하여 발급
· (모바일 민원실) 핸드폰「국세청 홈택스」앱에서 공인인증서로 접속하여 발급
· (어디서나민원처리제) 읍·면·동사무소 민원실에서 신분증 제시하고 발급(3시간 이내)
· (민 원 우 편) 우체국에서 신분증 제시하고 신청(민원우편요는 별도 부담)
※ 다른 사람의 인장 도용 등 허위로 위임장을 작성하여 신청할 경우에는 「형법」 제231조와 제232조에 따라 사문서 위·변조 죄로 5년 이하의 징역 또는 1천만 원 이하의 벌금에 처하게 됩니다.
위임장 및 신청시 제출해주셔야 할 서류 : 뒷면 참조

김포세무서 1층 로비에는 엘리베이터가 있어요. 이 엘리베이터 가운데에 층별 안내판이 있죠. 2층에는 개인납세2과, 3층에는 재산법인납세과, 4층에는 조사과와 납세자보호담당관실, 5층에는 운영지원과와 서장실이 있다고 적혀있네요. 이제 4층으로 올라가 볼까요?

여기는 4층에 있는 조사과예요. 조사과는 세원정보팀, 조사관리팀, 조사팀으로 구성되어 있어요. 세원정보팀은 세무서 관할구역 내외의 탈세 정보를 수집하는 업무를 주로 맡고 있어요. 조사관리팀은 민원인들의 탈세 제보에 대한 처리, 조사팀에서 수행하는 조사에 대한 행정 업무 보조, 조사대상 업체 선정, 각 조사팀의 배부 업무를 하고 있죠. 조사팀은 말 그대로 실질적인 세무조사를 담당하는 무시무시한 곳이에요. ^^

　국세가 억울하게 부과되었다고 생각돼 각종 조세불복을 제기할 때 납세자는 납세자보호담당관실을 찾게 돼요. 세무서에 제기할 수 있는 조세불복은 과세전적부심, 이의신청, 고충 등이 있어요. 이곳에서는 납세자가 제출한 〈이의신청서〉를 접수하고 국세심사위원회의 심의를 거쳐 조세부과의 타당성을 검토한 후 결과를 통보해줘요. 현재 제가 이곳의 국세심사위원회 외부위원으로 일하고 있어요.

이 의 신 청 서			처리기간 3 0 일	수수료 없 음

신 청 인	①성 명		②주 민 등 록 번 호 (사업자등록번호)	
	③상 호		④전 화 번 호 (휴대전화번호)	
	⑤ 주 소 또 는 : 사업장소재지	(㉾ -) 전자우편(e-mail) :		

⑥처 분 청		⑦조 사 기 관	

⑧처분통지를 받은 날(또는 처분이 있은 것을 처음으로 안 날) : 년 월 일

⑨통지된 사항 또는 처분의 내용(과세처분인 경우에는 연도, 기분, 세목 및 세액 등을 기재합니다)

 ※   년도   기분   세   원 부과처분

⑩불복의 이유(내용이 많은 경우에는 별지에 기재하여 주십시오)

「국세기본법」 제66조 및 동법 시행령 제54조의 규정에 의하여 위와 같이 이의신청합니다.

                    년   월   일
                        신청인   (서명 또는 인)

    세 무 서 장
    지방국세청장   귀하

첨부서류
1. 불복이유서(불복의 이유를 별지로 작성한 경우입니다)
2. 불복이유에 대한 증거서류(첨부서류가 많은 경우 목록을 별도로 첨부하여 주십시오)

위 임 장	「국세기본법」 제59조제1항의 규정에 의하여 아래 사람에게 위 이의신청에 관한 사항을 위임합니다(다만, 심사청구의 취하는 별도의 위임을 받은 경우에 한합니다).					
	위 임 자 (신 청 인)	대 리 인				
		구 분	성 명	사업장 소재지	사업자등록번호 (전자우편)	전화번호 (휴대전 화번호)
	(서명 또는 인)	세 무 사 공인회계사 변 호 사	(서명 또는 인)	(㉾ -)		

　재산법인납세과와 개인납세과 사무실 앞에 별도로 신고
및 상담 안내창구를 마련해두었어요. 해당 과에서 근무하는
직원들은 차례로 돌아가며 신고안내 및 상담을 해주고 있죠.
부가가치세 확정신고 기간 및 종합소득세 확정신고 기간에는
별도의 신고 안내창구를 마련해 납세자들에게 편의를 제공하
고 있어요.

　　김포세무서는 재산세과와 법인납세과가 재산법인납세과로 통합되어 운영되고 있어요. 재산세과는 여러분이 부동산 등을 팔 때 발생하는 양도소득세, 친지나 지인에게 재산을 무상으로 증여해줄 때 발생하는 증여세, 사망 등으로 인해 재산을 상속받을 때 발생하는 상속세 등과 관련된 업무를 보는 곳이에요. 법인납세과는 관할세무서 소재 법인사업자들의 관리와 법인에서 발생하는 법인세, 부가가치세, 원천제세 등의 과세문제 등을 관리, 담당하는 과고요.

　여기는 개인납세과예요. 세무서의 관할구역 크기와 개인
사업자 수에 따라 지역별로 개인납세1과, 개인납세2과 등으로
과의 숫자에 차이가 나요. 이전에는 부과되는 세목에 따라 부
가가치세과, 소득세과로 분화되어 있었으나 2014년도에 납세
자에게 원스톱서비스를 제공한다는 취지로 개인납세과로 통합
되었죠. 여기서는 주로 개인사업자의 부가가치세, 소득세, 원
천제세와 관련된 업무를 하고, 부차적으로 근로장려금 및 자
녀장려금에 대한 업무도 하고 있어요. 다른 과에서는 국세 체

납에 대한 업무를 각 팀에서 병행하고 있으나, 개인납세과는 체납정리팀을 별도로 운영하는 것도 특징 중의 하나예요. 개인납세과에서 가장 많이 사용되는 서식은 세무신고의 가장 근간이 되는 〈부가가치세 신고서〉와 〈종합소득세 신고서〉예요.

사무실 내부는 어떤 모습일지 잠깐 사무실 안으로 들어가 볼까요? 사무실 내부 전경이에요. 2017년에 신청사를 완공해서 이전한 관계로 청사 내부가 정말 깔끔해요. 평소에 사무실 내부는 열심히 근무하는 직원들과 민원인들로 북적이지만, 사진을 찍은 1월 2일은 시무식 행사가 있어 조용하네요.

일반과세자 부가가치세 〔 〕예정 〔 〕확정 〔 〕기한후과세표준 〔 〕영세율 등 조기환급　신고서

※ 뒤쪽의 작성방법을 읽고 작성하시기 바랍니다.　　　　　　　　　　　　　　　　(4쪽 중 제1쪽)

관리번호						처리기간　즉시		

신고기간　　　년　제 기 (월　일 ~ 월　일)

사업자	상 호 (법인명)		성 명 (대표자명)		사업자등록번호		-	-
	생년월일		전화번호	사업장	주소지		휴대전화	
	사업장 주소			전자우편 주소				

❶　신 고 내 용

구 분				금 액	세율	세 액
과세 표준 및 매출 세액	과세	세금계산서 발급분	(1)		10 / 100	
		매입자발행 세금계산서	(2)		10 / 100	
		신용카드·현금영수증 발행분	(3)		10 / 100	
		기타(정규영수증 외 매출분)	(4)		10 / 100	
	영세율	세금계산서 발급분	(5)		0 / 100	
		기 타	(6)		0 / 100	
	예 정 신 고 누 락 분		(7)			
	대 손 세 액 가 감		(8)			
	합 계		(9)		㉮	
매입 세액	세금계산서 수취분	일 반 매 입	(10)			
		수출기업 수입분 납부유예	(10-1)			
		고정자산 매입	(11)			
	예 정 신 고 누 락 분		(12)			
	매입자발행 세금계산서		(13)			
	그 밖의 공제매입세액		(14)			
	합 계 (10)-(10-1)+(11)+(12)+(13)+(14)		(15)			
	공제받지 못할 매입세액		(16)			
	차 감 계 (15)-(16)		(17)		㉯	
납부(환급)세액 (매출세액 ㉮ - 매입세액 ㉯)					㉰	
경감 · 공제 세액	그 밖의 경감·공제세액		(18)			
	신용카드매출전표등 발행공제 등		(19)			
	합 계		(20)		㉱	
예 정 신 고 미 환 급 세 액			(21)		㉲	
예 정 고 지 세 액			(22)		㉳	
사업양수자의 대리납부 기납부세액			(23)		㉴	
매입자 납부특례 기납부세액			(24)		㉵	
가 산 세 액 계			(25)		㉶	
차감·가감하여 납부할 세액(환급받을 세액)(㉰-㉱-㉲-㉳-㉴-㉵+㉶) (26)						
총괄 납부 사업자가 납부할 세액 (환급받을 세액)						

❷　국세환급금 계좌신고 (환급세액이 2천만원 미만인 경우)	거래은행	은행	지점	계좌번호	

❸　폐 업 신 고	폐업일		폐업 사유	

❹　과세표준 명세

「부가가치세법」 제48조·제49조 또는 제59조와 「국세기본법」 제45조의3에 따라 위의 내용을 신고하며, 위 내용을 충분히 검토하였고 신고인이 알고 있는 사실 그대로를 정확하게 적었음을 확인합니다.

업 태	종목	생산요소	업종 코드	금 액
(27)				
(28)				
(29)				
(30) 수입금액 제외				
(31) 합 계				

　　　　　　　　　　　　　　　년　　월　　일

신고인:　　　　　　　(서명 또는 인)

세무대리인은 조세전문자격자로서 위 신고서를 성실하고 공정하게 작성하였음을 확인합니다.

세무대리인:　　　　　　(서명 또는 인)

세무서장 귀하

첨부서류　뒤쪽 참조

세무대리인	성 명		사업자등록번호		전화번호	

210mm×297mm[백상지(80g/㎡) 또는 중질지(80g/㎡)]

(년 귀속)종합소득세·농어촌특별세·지방소득세 과세표준확정신고 및 납부계산서

◇ 부동산임대업에서 발생한 사업소득(이하 이 서식에서 "부동산임대업의 사업소득" 이라 합니다) 또는 부동산임대업 외의 업종에서 발생한 사업소득(이하 이 서식에서 "부동산임대업 외의 사업소득" 이라 합니다) 중 하나의 소득이 발생하는 하나의 사업장만이 있는 단순경비율 적용사업자로서 장부를 기록하지 않고 단순경비율로 추계신고하는 경우에는 단일소득-단순경비율적용대상자용 신고서[별지 제40호서식(4)]를 사용하시기 바랍니다.

◇ 간편장부대상자(신규사업자와 직전 과세기간의 수입금액이 4천 800만원에 미달하는 사업자는 제외)가 장부에 따른 기장신고를 하지 않은 경우 산출세액의 20%를 무기장가산세로 추가로 납부해야 합니다.

◇ 복식부기의무자가 복식부기에 따른 장부를 기록하여 신고하지 않은 경우 산출세액의 20% 또는 수입금액의 7/10,000 중 큰 금액을 무신고가산세로 추가로 납부해야 합니다.

작 성 방 법

1. ❶ 기본사항란을 적습니다.

2. ❸ 세무대리인란을 적습니다(세무대리인이 기장·조정 또는 신고서를 작성한 경우에만 적습니다).

3. ❺ ~ ❽ 각종 소득명세서를 작성합니다(해당 사항이 있는 명세서만 작성합니다).

4. ❾ 종합소득금액 및 결손금·이월결손금공제명세서, ❿ 이월결손금명세서를 작성합니다(이월결손금이 없는 경우에는 ❿ 이월결손금 명세서는 작성하지 않습니다).

5. ⓫ 소득공제명세서를 작성합니다.

6. ⓬ 세액감면명세서·⓭ 세액공제명세서·⓮ 준비금명세서를 작성합니다(해당 사항이 있는 명세서만 작성합니다).

7. ⓯ 가산세액명세서를 작성합니다.

8. ⓰ 기납부세액명세서를 작성합니다.

9. ❹ 세액의 계산란을 적습니다[금융소득이 있는 경우에는 제23쪽의 ❺ 종합소득산출세액계산서(금융소득자용)를, 기준경비율에 따라 추계소득금액계산서를 작성하는 경우에는 제25쪽의 ❻ 추계소득금액계산서(기준경비율 적용대상자용)를, 부동산매매업자로서 종합 소득금액에 비사업용토지 등을 보유하여 발생하는 매매차익이 있는 경우에는 ❼ 종합소득산출세액계산서(주택등매매업자용) 를, 소득에 합산되는 금융소득과 비사업용토지 등을 보유하여 발생한 매매차익 등이 함께 있는 경우에는 제29쪽의 ❽종합소득산 출세액계산서(주택등매매차익이 있는 금융소득자용)를 먼저 작성합니다.

10. ❷ 환급금 계좌신고란을 적습니다.

11. 각 서식에서 적을 난이 더 필요한 경우에는 별지에 이어서 작성합니다.

12. 신고인은 반드시 신고인의 성명을 쓰고 서명 또는 날인하여 신고해야 합니다.

13. ▨▨▨▨▨ 란은 작성하지 않습니다.

- -

접 수 증(년 귀속 종합소득세 과세표준 확정신고서)

성 명		주 소		접 수 자
※ 첨부서류				
1. 재무상태표	( )	6. 결손금소급공제세액환급신청서	( )	
2. 손익계산서와 그 부속서류	( )	7. 「조세특례제한법」 상 세액공제·감면신청서	( )	접수일(인)
3. 합계잔액시산표	( )	8. 간편장부소득금액계산서	( )	
4. 조정계산서	( )	9. 그 밖의 첨부서류	( )	
5. 소득공제신고서	( )			

210mm×297mm[백상지 80g/㎡(재활용품)]

세무사 최진형
스토리

STORY

편 부모님은 어떤 분이셨는지 어린 시절 환경은 어땠는지 궁금해요.

최 제 고향이 서울 마포구예요. 지금의 공덕동 롯데캐슬 자리가 제가 태어난 곳이죠. 아버지는 할아버지에게 마포의 땅을 물려받으셔서 임대업을 하셨어요. 임대업 외에는 별다른 일을 하지 않으셨죠. 그래도 물려받은 재산이 있어 유복하게 살았어요. 아버지는 재산을 많이 물려받고 여유로운 환경에서 자라셨지만 검소하셨고 말수도 적고 보수적인 분이었어요. 어머니는 조용히 내조를 하는 분이셨고요.

어렸을 때 저는 평범한 아이였는데 상당히 마르고 좀 예민했어요. 시험 날 아침이면 신경이 더 날카롭고 예민해져서 꼭 화장실을 갔죠. 그러다 중학교 3학년을 마칠 무렵 운동을 시작하게 됐어요. 집 옆에 있는 헬스장에 다녔는데 운동을 하니 체형도 바뀌고 더불어 예민했던 성격도 둥글둥글해졌죠. 바뀐 제 모습이 좋아서 헬스뿐만 아니라 유도나 검도도 하게 됐어요. 중, 고등학교 시절에는 남자애들이 약해 보이는 애들한테 시비도 걸고 싸움을 걸기도 하잖아요. 중학교 때는 좀 예민하니까 시비도 붙고 그랬는데 고등학교에 들어가서는 공부도 좀 하고 친구들과 어울려 운동도 잘 하니까 교우관계도 좋아지더라고요.

편 공부는 잘 했나요?

최 반에서 1, 2등 정도는 했어요. 부모님은 그런 제가 기특했는지 동네 분들에게 자랑을 하고 다니셨어요. 그래서 좀 창피했죠. 매일 꾸준히 공부를 한 건 아니었고, 시험이 일주일 정

도 남으면 계획을 세워서 그 동안만 열심히 공부했어요. 그래
도 수업시간에 집중을 해서 열심히 들었더니 시험 성적이 좋
았던 것 같아요.

　고등학교에 들어가니 다른 학교는 거의 야간 자율학습을
하는데, 저희 학교는 수업 후 야간 자율학습이 없더라고요. 그
래서 농구 서클을 만들고 수업이 끝나면 해질 때까지 친구들
과 농구를 했어요. 그렇게 2학년 때까지 방과 후에는 농구도
하면서 보내다 3학년이 되어서 공부에 집중하기 시작했죠.

편. 학급 임원도 많이 하셨을 것 같아요.

최. 중학교 때는 공부를 잘하는 친구들이, 고등학교 때는 까불까불한 친구들이 반장을 주로 했어요. 저 역시 중학교 때는 공부를 좀 잘해서 3년 동안 반장을 했는데, 고등학교 때는 반장일이 귀찮다는 걸 알아서 공부만 열심히 했어요.

편. 특별히 좋아했던 과목이 있었나요?

최. 저는 중, 고등학교 때 이과 계통 과목을 좋아했어요. 수학과 지구과학을 좋아했는데 이상하게 대학은 이과 계통으로 가고 싶지 않더라고요. 당시 특별한 이유 없이 막연하게 법학과에 가고 싶어 했죠. 어쩌다 보니 경영학과에 갔지만요.

편. 학창 시절에 재밌었던 일이나 기억에 남는 사건이 있나요?

최. 저는 학창 시절에 운동이 가장 재미있었어요. 수업이 끝나면 축구를 하거나 농구 서클 친구들과 농구를 했죠. 운동회 때면 반대표 씨름선수로 나가기도 했고요. 운동이 좋아서 열심히 했는데, 친구들은 공부만 잘하는 아이가 아니라 반 아이들과 운동도 하고 같이 놀기도 잘하니까 저를 좋게 봐준 거 같아요. 당시 힘이 센 애들은 공부만 하는 애들한테 시비도 걸고 그랬거든요.

편 대학생활은 어땠나요?

최 대학교에 들어가고 1년 반 동안 술만 마신 것 같아요. 각종 서클이나 학회에 가입해서 서클 친구들, 학회 친구들과 술을 마시러 다녔죠. 운동을 좋아해서 미식축구부에도 들어갔는데 일주일에 두 번 정도 운동하러 가면 나오는 인원이 다섯 명에서 열 명 정도밖에 되지 않았어요. 그 정도 인원으로는 한 팀이 되지 않죠. 그래서 대항전을 하려면 다른 대학 대여섯 개가 모여서 시합을 했어요. 그렇게 대항전에서 시합을 하고 연습을 하는 건 재밌었는데 술 때문에 탈퇴했어요. 당시 선배들이 군대식 문화에 젖어 술을 너무 강요했거든요. 그때가 제 인생에서 술을 가장 많이 마셨던 때에요.

대학 초반에는 그동안의 절제된 생활에서 벗어나 자유롭게 사는 게 좋고, 술도 많이 마셨는데 어느 순간 그 시간이 참 허무하더라고요. 내가 지금 무엇을 향해 가는 지도 모르겠고 목표도 없었어요. 정신을 좀 차리려고 군대에 가려고 했는데, 1년 일찍 학교에 들어가는 바람에 이 나이로는 군 입대가 늦어진다고 하더라고요. 대기자가 많았거든요. 그런데 해병대에

지원하면 빨리 입대할 수 있다고 해서 해병대에 지원했어요.
그리고 한 달 만인가에 입대하고 무사히 전역했죠.

다시 사회에 나오니 공인회계사 붐이 일었어요. 그 붐에
편승해 공인회계사 공부를 시작했죠. 그런데 열심히 안 했는
지 1차 시험에는 합격했는데 2차 시험에는 떨어졌어요. 1년 더
공부를 했으면 결과가 좋을 수도 있었겠지만 공부를 계속할
수 있는 여건이 아니었어요. 당시 아버지가 땅을 판 돈을 주식
에 투자했다가 전 재산을 탕진하셨거든요. 공부 대신 이런 저

런 아르바이트를 시작했죠. 공사장, 화훼공판장, 청바지공장, 주유소를 돌며 일했고, 과외 아르바이트를 하기도 했어요. 어느 정도 돈을 모아 복학을 하고 졸업한 뒤 바로 취업했어요.

편 회사생활은 어땠나요?

최 세무사가 되기 전에 인사팀에서 근무한 적이 있었어요. 인사팀 업무 중에 경력증명서 발급 업무가 있어서 회사를 그만두고 경력증명서를 발급받기 위해 온 분들을 많이 봤죠. 그분들의 나이가 많지가 않았어요. 대부분 40대 후반, 50대 초반이었죠. 또 인사제도 중에 대학에 다니는 자녀의 학자금을 전액 지원하는 제도가 있었어요. 그렇지만 정직원이 2,800명 가까이 됐는데 그 제도로 혜택을 받는 직원은 두 명밖에 되지 않았죠. 자녀가 대학에 가기도 전에 대부분의 직원이 나가는 거예요. 그때 이 회사가 오래 다니지 못할 회사라는 걸 깨달았어요. 그런 생각 때문에 안정적인 공사에 들어갈 결심을 했죠.

편 그래서 공무원이 되셨나요?

최 대기업에서 퇴직할 때 목표는 지방에 있는 공사에 들어가는 것이 목표였어요. 그런데 그 과정에서 여러 번 좌절도 하고 허송세월도 보내다가 목표를 공무원으로 바꾸었죠. 목표를 선회한 이후에도 바로 세무서에 들어간 건 아니었어요. 정보통신부, 충청남도, 서울시, 소방서 시험까지 봤는데 모두 불합격했어요. 그 후에 운 좋게도 세무서에서 공채직원을 많이 채용한 덕에 공무원이 될 수 있었죠.

세무서에 들어가기 전까지가 제 인생에서 가장 힘들었던 시기예요. 그렇지만 그 힘든 시기를 나이가 들어서가 아니라 젊을 때 겪어서 다행이라고 생각해요. 비 온 뒤에 땅이 굳어진다고 그런 경험이 지금의 저를 만든 자양분이 되었다고 보거든요.

편 결혼은 언제 하셨어요?

최 스물아홉에 했어요. 저는 친구들에 비해 빨리 한 편이에요. 아내와 제가 동갑인데 당시만 해도 여자 나이가 스물아홉이면 많다고 생각했거든요. 그래서 형님 두 분이 결혼 전이었음에도 불구하고 양해를 구하고 먼저 했어요.

편 진로를 선택하는데 있어서 도움을 준 사람들이 있을까요?

최 아내가 권유해서 시작했으니 아내의 권유가 가장 큰 도움이 되었죠. 회계사 공부를 하고, 회사에 들어갔다 퇴사하고, 세무서에 들어갔다 세무사가 되었죠. 여기까지 한참을 돌아왔어요. 그렇지만 지난 과정들이 모두 의미가 없다고 생각하진 않아요. 오히려 그런 실패와 경험들이 있었기에 더 겸손한 사람이 되었다고 생각해요.

편 현재의 삶에 만족하시나요?

최 지금의 제 생활이 좋아요. 몸이 건강하고 원하던 세무사 일을 하면서 생활이 유지되고 있으니 더 없이 만족스럽죠. 제가 욕심이 많은 편은 아니거든요. 또 힘든 시기를 지나온 경험이 지금의 상황을 감사하게 만들기도 하고요. 좀 교만해지거나 욕심이 나면 예전에 힘들었던 시기를 생각해요.

편 앞으로 어떤 목표를 가지고 계시나요?

최 앞으로 언제까지 이 일을 할 수 있을지 모르겠지만 그 기간 동안은 제가 대리를 해주는 분들이 질 높은 서비스를 받고, 제 사무실의 직원들이 더 편안하게 일할 수 있도록 노력하려고 해요. 제 주변 분들과 좋은 관계를 유지하고 싶고요. 직원을 채용할 때 5년 동안 열심히 근무하면 한 달의 유급 휴가를 주겠다고 농담을 섞어 얘기한 적이 있어요. 농담처럼 말했지만 여건이 만들어지면 꼭 그렇게 해주고 싶어요. 앞으로도 그런 마음가짐을 잃지 않고 계속 갔으면 좋겠어요.

편 만약 자녀가 세무사를 하겠다고 하면 권하실 건가요?

최 그럼요. 딸이 이 일을 하고 싶다고 한다면 적극적으로 지원해주고 싶어요. 본인이 좋다면 제 사무실에서 경험을 쌓게 하고, 나중에는 제가 일궈놓은걸 물려받았으면 좋겠네요. 그런데 아이가 어려서 아직은 아무 생각이 없는 것 같더라고요.

마지막으로 청소년들에게 하고 싶은 말이 있으신가요?

세무사는 정부가 존재하고 국가 재정이 존재하는 한 꼭 필요한 사람이라고 생각해요. 국민은 납세 의무가 있고 다소 어

Job
Propose 13

렵고 복잡한 세금 문제를 대신 처리해줄 조력자는 계속 필요하니까요. 세무사는 단순히 숫자를 다루는 차갑고 냉정한 일을 하는 사람이 아니에요. 내 지인과 나를 필요로 하는 분들의 재산과 사업을 지키기 위해 사명의식을 갖고 고군분투하는 뜨거운 사람들이죠. 국세청이나 세무서에서 일하는 분들도 마찬가지예요. 그분들은 나라의 경제를 지키기 위해 애쓰는 경제경찰관이에요. 안정적인 미래나 연봉만이 아니라 그런 측면을 보고 접근한다면 청소년 여러분에게 더 매력 있는 직업으로 다가갈 거예요.

부록

관세사
인사 · 노무전문가
회계사
회계 및 경리사무원

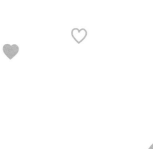

■ 하는 일

관세사는 수출·수입품의 통관 절차를 대행하거나 관세를 납부하여야 하는 납세의무자를 대신하여 관세법상의 행정적 의무를 대행하고, 관세 관련 분쟁 발생 시 관세법에 의한 이의신청과 심판청구를 대리하며 관세에 관한 상담과 자문을 수행하는 전문가이다. 각국의 수출입 및 무역 관련 법령이 수시로 바뀌고 있고 국가 간 무역에서 활용되는 관세품목분류를 기업이나 개인이 직접 확인하여 수출입신고를 하기 어려우므로 관세사에게 위임하여 수출입 업무를 원활히 진행하는 경우가 대부분이다. 또한 세관의 입장에서도 수출입신고서 등 관련 서류의 작성이나 구비서류의 정확성을 기할 수 있다는 점에서 관세사가 업무를 위임받아 수행하는 것을 선호하기도 한다.

관세사는 원재료나 제품 등을 수출입하는 데 필요한 사항을 세관에 신고하고 관련 허가·승인·확인 등을 받는 과정에 도움을 준다. 세관의 부족한 인력을 대신하여 수출입 물품의 신속한 통관 절차를 돕고, 시시각각 변하는 수출입 관련 법령을 파악하여 관련 업체의 피해를 사전에 예방하는 것이 관세사의 주요 업무이다. 수출입의 신고는 화물의 주인(화주)이 직접 할 수도 있으나, 수출입 관련 법령에서 정한 각종 확인사항, 품목분류, 관세평가, 검역 등 통관에 필요한 각종 제반 사항들을 알기 어려워 화주를 대리하여 관세사가 수출입 통관 업무를 수행한다. 이를 위해 관세사는 수출·수입하고자 하는 물품의 통관에 필요한 관련 서류를 작성하고 구비 서류를 취합하는 등 통관에 필요한 모든 절차를 수행한다. 수출하고자 하는 물품을 외국무역선에 싣기 전 과정에서 수출할 품목이 대외무역법 및 관계 법령 등에 적합하게 수출이 가능한 물품 인지를 확인하고 수출통관에 필요한 서류를 작성하여 신고한다. 서류작성은 관세청의 UNI-PASS 또는 수출입통관 전용 프로그램을 통해 진행되며, 신고자료 전송 후 해당 세관에서 수리되면 신고필증을 받아 화주에게 발급한다.

또한 환급에 필요한 소요량 계산서의 작성, 환급신청에 필요한 서류 구비 및 우리나라에 반입된 물품을 수입신고하지 않고 외국으로 되돌려 보내는 반송신고, 수출신고가 수리된 물품의 적재스케줄 변경 신고 등의 서류 작성을 대행한다. 위법하고 부당한 관세 행정처분에 대하여 고객의 대리인으로서 이의신청, 심사청구 및 심판청구 업무를 대리하며, 세관의 조사 또는 처분 등과 관련된 화주를 위한 의견 진술의 대리업무 등을 수행한다.

　또한 기업의 자율심사 결과보고서 제출을 위해 관세심사의 중요 결정사항인 과세가격 결정과 세율 책정, 감면 여부 등에 대해 조언해주고 통관한 물건의 심사를 돕는다. 그 외에 기업을 대상으로 FTA활용지원과 관련된 일을 하는데 원산지관리, 협정관세 적용요건심사, 검증을 비롯해 FTA활용과정의 제반 사항들을 컨설팅한다. 이 밖에 과세전적부심사의 청구, 세액보정, 수정신고, 경정청구 등의 업무를 수행하기도 한다.

■ 업무 환경

관세사는 업무의 대부분을 사무실 내에서 수행하지만, 세관 및 수출입 통관 업무를 대리하거나 검역검사의 업무를 대행하기 위해 의뢰업체, 검역기관, 선·하적 장소, 관세청, 세관 등 관계 기관에 외부 출장을 가기도 한다. 공공기관이나 기업체에 고용된 경우 일반적으로 업무시간이 정해져 있지만, 개업하거나 법인 등에 종사하면 일상적인 업무시간을 초과하여 일하기도 하고 유동적인 편이다.

■ 되는 길

관세사로 활동하기 위해서는 관세사 자격시험에 합격해야 한다. 전공에 제한은 없으나 관세법, 내국소비세법, 회계학(회계원론과 회계이론에 한함), 관세율표 및 상품학, 관세평가, 무역실무, 무역영어 등 매우 전문적인 내용을 평가하기 때문에 대학에서 경영학, 경제학, 무역학, 세무(회계)학, 법학 등을 전공하면 자격 취득에 유리할 수 있다.

1차 시험은 객관식으로 치러지며 내국 소비세법, 관세법개론, 회계학, 무역영어 등의 과목을 치르며 2차 시험은 관세법, 관세율표 및 상품학, 관세평가, 무역실무 등에 대해 주관식으로 출제된다. 시험에 합격한 사람은 6개월간의 실무수습을 거쳐 관세사 등록을 한 후 관세사 업무를 개시할 수 있다.

관련 학과 경영학과, 경제학과, 무역학과, 국제통상학과, 회계학과, 세무학과, 유통학과, 법학과 등

관련 자격 관세사(한국산업인력공단)

■ 적성 및 흥미

관세사는 주로 수출입 관련 업무를 수행하기 때문에 관세 관련 법률뿐 아니라 상품에 관한 지식, 외국어 능력도 필요하다. 또한 업무와 관련하여 경영, 무역, 유통, 경제, 회계, 법률 및 외국어(영어) 등에 대해 탐구하는 자세를 갖춰야 한다. 자료를 읽고 이해하기, 수리력, 범주화 능력, 기억력, 정밀성과 정확함 등이 요구되며, 제시한 결과에 대해 책임질 수 있어야 한다. 또한 다양한 고객을 상대하는 업무이므로 원만한 대인관계와 커뮤니케이션을 유지할 수 있어야 하며, 시간관리 능력도 중요하다.

■ 경력 개발

관세사 자격 취득 후 관세법인에서 근무하거나 개인사무소를 개설하여 운영할 수 있다. 합동사무소나 통관취급법인에도 근무할 수 있으며 무역 관련 기업체나 관세청 산하기관에서도 일할 수 있다. 또한 법무법인의 관세통상팀에서 종사하는 관세사도 있다. 개업한 관세사의 경우 근무량이나 은퇴기를 본인이 결정할 수 있기 때문에 통상적인 퇴직 나이를 넘어서까지 활동하기도 한다.

■ 일자리 전망

[향후 10년간 취업자 수 전망]   (연평균 증감률 %)

향후 관세사의 취업자 수는 현 상태를 유지할 것으로 전망된다. 한국관세사회 집계에 따르면, 2020년 6월 현재 1,985명의 관세사가 활동하는 것으로 파악되며 같은 기간 2018년 1,951명, 2019년 1,987명인 것과 비교할 때 현 상태를 유지하는 수준에서 관세사가 늘고 있음을 알 수 있다.

[활동 관세사 수]

(단위: 명)

연도	2012	2013	2014	2015	2016	2017	2018	2019	2020 (6월 기준)
인원	1,464	1,510	1,752	1,842	1,867	1,887	1,951	1,987	1,985

자료: 한국관세학회

또한 현재 최소 선발 인원인 90명 내외의 관세사 자격시험 합격자가 배출되고 있어 급격한 인원 증가에는 한계가 있을 전망이다.

[관세자 응시자 및 합격자 현황]

(단위: 명)

연도	2011	2012	2013	2014	2015	2016	2017	2018	2019
2차 응시자	343	419	678	867	972	1,316	1,459	1,374	1,343
최종 합격자	75	75	77	90	91	90	90	91	95

자료: 한국산업인력공단, Q-net

  글로벌 경기에 따른 물동량에 따라 관세사의 업무와 수요도 영향을 받을 것으로 보이는데 경기가 침체된다면 교역량이 다소 감소할 수 있지만 국가 간의 무역은 지속될 것으로 예상되므로 관세사의 역할도 계속적으로 필요할 수 있다. 특히 자유무역협정(FTA, 협정을 체결한 국가 간에 무역 장벽이 완화되거나 없어지는 것으로 수출입이 활발해짐을 의미)이 확산되면서 무관세 조건을 맞추기 위해 필요한 원산지 증명 등의 절차와 요건이 복잡하고 까다로워 관세사의 수요는 지속될 수 있다. 또한 수출 인증, 원산지 검증 등이 보다 깐깐해지고 늘어날 것으로 예상됨에 따라 관세사의 컨설팅 수요도 발생할 수 있다.

[연도별 수출입 규모]

(단위: 백만 달러)

연도	2012	2013	2014	2015	2016	2017	2018	2019
수출	547,870	559,632	572,665	526,757	495,466	573,697	604,860	542,233
수입	519,584	515,586	525,515	436,499	406,193	478,478	535,202	503,343

자료: 한국무역협회, 무역통계정보시스템

    통관 업무의 전산화로 수입신고에서부터 송장 전송, 통관 신고시스템 수기입력 신고, 전산시스템 등록 등의 과정이 자동 입력으로 대체되면서 소요시간이 많이 단축되었으며 향후에는 빅데이터에 의한 HS코드 인식과 인공지능(AI) 통관이 실질적으로 운영될 것으로 예상된다. 정부에서는 안전 관리 준수를 위해 수입 규제를 확대하면서 '수입신고 가이드라인'을 제시하고 있고 이에 따라 업체에서 전달한 인보이스를 관세사가 처리할 때 전산화나 기계화로 업무 효율화가 이뤄져 관세사가 할 수 있는 영역은 줄어들 수 있다. 관세에 있어 중요한 것이 리스크 관리를 하는 것으로, 대외 무역거래 상품 품목 분류인 HS코드를 관리하는 것이 중요하다. 하지만 HS코드가 전 세계적으로 빅데이터화되면서 관리가 용이해지는 것도 관세사의 업무에 영향을 미칠 전망이다. 최근 코로나19 등의 예상치 못한 경기 침체와 소비 위축으로 생산을 위한 자재, 제품 이동, 수출 통관 등이 감소하면서 업무량도 감소하고 있다. 저성장이 지속될 경우 관세사의 업무 감소 및 매출 저하로 이어질 수 있어 고용에 부정적 영향을 미칠 것으로 예상된다. 규모가 작은 관세법인의 경우 수출 감소에 따른 업무량 감소는 매우 빠르게 나타날 수 있다.

또한 로스쿨 졸업 후 진출하는 변호사가 관세 업무를 맡는 경우가 생겨나면서 관세사의 고용에 부정적 영향을 미칠 가능성이 있다. 회사 심판에서 해결이 안 되는 경우 변호사는 소송까지 유연하게 대응할 수 있는 특성이 있어 관세사의 입지가 줄어들 수밖에 없다. 최근 젊은 층의 일·가정 양립 등 복지에 대한 눈높이가 높아지면서, 관세사 자격 취득 후 관세사 복지혜택보다 더 나은 대기업을 선호하는 경향이 있어 관세사 유치를 위해 직원에 대한 복지를 늘이는 업체도 있다. 기업에서는 통관에 대한 리스크(잘못된 통관신고로 인한 과실 및 책임)를 줄이기 위해 관세사에 대한 업무 관리를 아웃소싱으로 바꾸려는 움직임도 있으며 규모가 큰 기업일수록 대규모 관세 법인을 선호하고 있어서 실무 경력이 부족한 신입 관세사는 경쟁력을 확보하는 데 상당한 시간이 소요될 수 있다. 또한 경쟁력을 갖추기 위해서는 수출입 신고 대행뿐만 아니라 FTA

및 보호무역주의 관련 컨설팅, 수출입 관련 리스크 관리, 행정
심판 관련 컨설팅(불복청구 대행 등) 등 다양한 업무에 능통해
야 할 필요성도 커지고 있다.

전망 요인	증가 요인	감소 요인
과학기술 발전		• 통관 업무 전산화
국내외 경기	• 국가 간의 교역량 지속	• 장기 저성장, 경기 침체로 소비 위축, 제품 이동 감소
기업의 경영전략 변화	• 수출 인증, 원지 증명 업무 필요 • 기업 대상 컨설팅 수요 증가	
법·제도 및 정부 정책	• 자유무역협정(FTA) 확대로 컨설팅 수요 지속	
가치관과 라이프스타일의 변화		• 관세사 자격 취득 후 근무환경이 양호한 대기업 취업

종합하면, 국가 간 무역의 지속적 확대, 자유무역협정의
확대 등으로 관세사의 업무 수요는 지속할 것으로 전망되나
매년 배출되는 관세사가 100여 명 미만인 점, 업무의 전산화,
장기 경기 침체일 경우 업무량 감소 등의 영향으로 향후 10년
간 관세사의 취업자 수는 현 상태를 유지할 것으로 전망된다.

■ 관련 직업

세무사, 회계사, 물류관리전문가, 무역사무원

■ 관련 정보처

관세청 125 www.customs.go.kr

한국관세사회 02-547-9714 www.kcba.or.kr

한국무역협회 1566-5114 www.kita.net

한국산업인력공단 1644-8000 www.hrdkorea.or.kr

▪ 하는 일

노무사는 노동법률 및 노동관계 전문가로서 인사 및 노무관리, 법률 등의 분야에 대한 전문 지식을 통해 기업 차원에서 인사노무관리를 합리적으로 운영하고 사업장에서 노동관계 업무가 원활하게 운영될 수 있도록 지원한다. 인적자원전문가는 인적자원개발을 위한 각종 프로그램을 설계하고 조직의 변화 및 근로자와 관리자의 업무성과 향상에 대해 컨설팅한다.

　　노무사는 기업체에서 발생하는 다양한 분쟁과 사건을 조정, 중재하는 업무를 비롯해 산업재해, 임금 체불 관련을 대리하거나, 비정규직 차별 관련 분쟁을 조정, 중재하는 역할도 한다. 이를 위해 평소에 사업주나 노동조합(근로자)을 대상으로 각종 노사문제 예방을 위한 상담을 하며 노사문제가 발생하였을 때는 원만히 해결되도록 상담과 컨설팅도 실시한다. 그 외 임금, 근로시간, 직무분석, 인사고과, 승진, 퇴직 등 인사 및 노무관리 전반에 대해 자료 수집, 문제점 분석 및 평가 업무를 실시한다. 노무사는 노동관계법령의 규정을 바탕으로 행정기관에 신고, 신청, 보고, 진술, 청구(이의신청, 심사 및 심판 청구 등) 및 권리 구제 등의 대행 또는 대리 업무를 수행하기도 한다. 이들은 부당 해고 등 구제 신청과 관련한 사건이나 비정규직 차별 시정과 관련한 신청이 이루어지는 경우 근로자 또는 회사의 위임을 받아 대리인으로서 사건을 대리한다. 업무상 재해 여부 상담 및 산재 보상 신청을 대리하며, 임금 체불이 발생하였을 경우 근로자가 고용노동청에 진정하여 체불임금을 지급받을 수 있도록 사건을 대리한다.

또한 임금채권보장법에 의한 체당금 신청 대리 업무도 수행한다. 그 외에 인력 채용, 보상제도 등 기업이 인적자원 활용에 대한 계획을 수립하고 달성할 수 있도록 전반적인 컨설팅을 실시하며 기업 특성을 고려한 각종 교육 서비스에 대한 컨설팅을 제공하기도 한다. 또한 기업 자체적으로 급여 및 4대보험 관리가 어려운 영세사업장을 대상으로 이에 대한 업무를 위탁받아 대행해주기도 한다.

그리고 노무사 중 일부는 정부 부처에서 시행하는 노사 및 고용 관련 각종 정책이나 프로그램 개발에 참여하기도 한다. 인사노무관리 실무 및 노동법 등 인사 및 노사 관련 교육을 진행하기도 하며 최근에는 정부 부처에서 시행하는 고용지원금 제도를 잘 활용할 수 있도록 그에 대한 신청 컨설팅(고령자고용촉진장려금, 신규고용촉진장려금, 모성보호 관련 각종 장려금 등)을 하는 경우도 있다. 노무사 가운데 '국선노무사'로 활동하는 사람도 있는데 이들은 열악한 근무환경의 근로자가 정당한 사유 없이 해고, 징계, 전보 등 불이익을 당한 경우나 비정규직 근로자가 부당한 이유로 차별을 받았을 때 국선노무사가 무료로 법률 서비스를 제공하여 근로자가 권리를 찾을 수 있도록 도와준다. 또한 지자체에서 위촉한 '마을노무사'로 활동하면서 영세사업장의 각종 인사노무 관련 상담과 개선방안을 제안하기도 한다.

인적자원전문가는 컨설팅 의뢰자(기업)와 상담하여 요구사항을 접수한 후 컨설팅 대상 기업의 문화, 조직, 대내외 경영 여건 등을 조사하여 분석한다. 분석 결과를 토대로 컨설팅 프로그램 개발 계획을 수립하며 필요한 경우 조직 구성원에게 설문조사를 실시하기도 하며 직무분석도 실시한다. 회사 및 조직 구성원의 특성을 고려하여 교육훈련 프로그램을 설계·개발하고 근로자나 사업담당자, 관리자를 대상으로 직무능력 향상을 위한 교육을 실시한다. 또한 이전직을 희망하는 사람을 대상으로 교육 프로그램을 제공하거나 상담을 실시하기도 한다.

▪ 업무 환경

노무사와 인적자원전문가는 업무의 대부분을 사무실 내에서 수행하지만 상담이나 컨설팅을 위해 의뢰인의 사업장을 방문하기도 한다. 특히 노무사의 경우 각종 노동 관련 업무를 대리하기 위해 노동관서나 노동위원회 등 관계 기관에 출장을 가기도 한다. 기업체나 공공기관에 고용된 노무사는 별도의 업무 시간이 정해져 있는 편이지만 노무법인이나 개인사무소를 운영하는 경우 의뢰자나 계약사업장과 관련한 업무를 수행하거나 자료를 준비하기 위해 정규 시간 외에 근무하는 경우도 많아 근무시간이 유동적인 편이다. 또한 첨예한 노사 갈등을 겪는 사업장의 업무를 대리하는 경우 스트레스와 중압감이 있을 수 있다.

▪ 되는 길

노무사가 되기 위해서는 고용노동부에서 발급하는 국가전문자격인 공인노무사 자격시험에 합격한 후 종사하는 것이 일반적이다. 시험 응시 자격에 별도의 제한은 없으나 대학에서 법학, 경영학, 경제학, 노사관계 등을 전공하면 유리한 편이다. 법률에 근거하여 문제를 판단하고 처리해야 하므로 평상시 노동관계법령에 대한 지식을 쌓아 두는 것도 필요하다.

공인노무사 자격시험은 1차 시험에서는 노동법, 민법, 사회보험법, 경제학원론이나 경영학개론 중 한 과목 등 총 여서 과목에 대한 객관식, 2차 시험에서는 노동법, 인사노무관리론, 행정소송법, 그리고 경영조직론, 노동경제학, 민사소송법 중 한 과목을 포함하여 총 네 과목에 대한 논문 서술식, 그리고 3차 면접을 거쳐 최종 합격할 수 있다. 3차 시험까지 합격한 후에는 실무 수습을 거쳐 정식으로 공인노무사로 등록하여 활동할 수 있다. 인적자원전문가는 대학, 또는 대학원에서 경영, 경제, 노사관계, 법학 등 사회계열 전공자가 많이 활동하며 기업 자체 경력개발센터에서 근무하거나 인적자원컨설팅 관련 업체에 취업하여 종사한다. 기업의 경우 자체 공채를 통해 채용하기도 하며 계약직 형태로 위촉하여 프로젝트별로 교육 프로그램 운영 및 상담 서비스를 제공하기도 한다.

관련 학과 **법학과, 경제학과, 경영학과, 행정학과, 직업학과 등**
관련 자격 **공인노무사(한국산업인력공단)**

▪ 적성 및 흥미

인사 · 노무전문가는 기업 내에서 발생할 수 있는 다양한 고용 이슈에 대해 공감하고 문제를 해결하려는 적극적 의지가 필요하다. 노무사는 기업체(경영진)와 근로자 간의 분쟁이나 갈등을 예방하거나 조정하기 위해 협상 능력 및 설득 능력이 필요하며 노사관계 제반에 대해 업무 대리를 의뢰할 수 있는 신뢰성, 윤리의식도 요구된다. 또한 갈등상태인 당사자들을 상대하고 민감한 상황에 대처하기 위한 노련한 대인관계 역량과 상담 능력도 필요하다. 그 외 업무의 원활한 수행을 위해 경영, 경제, 행정, 법률 관련 문제에 관심을 가지고 지속적으로 탐구하는 자세가 필요하다. 인적자원전문가 역시 문제의 원인과 현상을 정확히 파악하고 개선 방향을 제시할 수 있어야 하므로 문제해결능력과 분석적 사고 역량도 요구된다.

▪ 경력 개발

노무사는 개인노무사무소를 개업하거나 노무법인의 구성원으로 종사하기도 하며, 기업체의 경영 및 기업 전략 수립 관련 부서에 소속되어 활동한다. 또는 로펌(법률사무소), 정부부처, 공공기관 및 공기업, 인사 및 노무 관련 컨설팅업체, 경영컨설팅업체, 사회적기업, 연구소 등에서 종사하는 경우도 있다.

일반적으로 개업한 노무사는 퇴직 연령이 별도로 정해져 있지 않고 유동적으로 종사한다. 노무사로 종사하면서도 업무 특성상 노동관계법, 민법, 형법, 소송법 등의 전반적인 법률에 대한 이해를 넓히거나 직무분석, 직무설계, 근로조건 등 인적자원개발 컨설팅 관련 지식과 경험을 쌓을 필요가 있다. 또한 경력과 연륜이 있는 노무사를 선호하는 경향이 있어서 자격 취득 후 전문성 제고를 위한 꾸준한 역량 개발과 교육 훈련 등이 필요하다.

인적자원전문가는 기업 자체적으로 운영하는 인재개발원, 경력개발센터 등에 소속되어 근무하거나 고용서비스전문업체에 소속되어 근무한다. 혹은 1인 프리랜서로 활동하는 사람도 있다. 기업에 따라서는 기업 자체 프로젝트에 따라 기간을 정하여 계약, 채용하기도 한다. 또한 본인이 주로 근무했던 분야(금융, IT 등)의 전문성을 살려 이·전직 전문가로 특화하여 종사하기도 한다.

▪ 일자리 전망

[향후 10년간 취업자 수 전망] (연평균 증감률 %)

향후 10년간 인사·노무전문가의 취업자 수는 다소 증가할 것으로 전망된다. 최근 최저임금, 근로시간, 산업재해, 모성보호, 일·가정 양립, 전직지원서비스 의무화 등 여러 노동 관련 이슈가 증가하면서 향후 인사·노무전문가의 역할이 확대될 것으로 보인다. 특히 이러한 수요 증가를 반영하여 노무사의 경우 그동안 매년 250명 선이었던 공인노무사 선발 인원을 2018년부터 300명으로 증원하기도 하였다. 사회 전반적으로 노동자의 권리와 복지에 대한 요구를 적극 수용하고자 하고 인구 구조 내에서 10대, 중장년, 외국인 등 노동인구가 점차 다양해지면서 근로기준법 등 관련 법률의 사각지대에 놓이게 되는 기업체나 근로자도 있을 수 있고 여러 갈등과 분쟁이 일어날 수 있어 이러한 법률문제를 자문하고 상담 및 컨설팅하는 노무사의 수요가 증가할 것으로 보인다.

특히 최근 유연근무, 재택근무 등 다양한 근로형태가 늘어나면서 기업 차원에서 노무 관련 이슈가 증가하는 것도 노무사의 업무 확대에 영향을 미칠 전망이다. 예전에는 주로 300인 이상의 사업장에서 노무사를 직접 채용하는 경우가 많았으나, 최근에는 노동자 권익 보호에 관심이 많은 기업이 늘면서 중소기업에서도 노무사를 채용하거나 관련 컨설팅을 의뢰하는 경우가 늘고 있다. 그리고 산업이 고도화되고 복잡해지면서 고용 구조의 변화가 이뤄지고 있으며 4차 산업혁명으로 인해 산업융합이 가속될 것으로 예상됨에 따라 고용정책 변화에 대응할 수 있도록 법률적 노무 자문을 위한 수요 및 인적자원 컨설팅 수요도 증가할 것으로 보인다.

이처럼 근로여건 개선에 대한 사회적 관심이 증가하고 개인들이 권익 보호에 적극적이며 부당한 처우에 대해서는 법적 구제와 관련 정보를 제공하는 것이 과거에 비해 느는 것은 인사·노무전문가의 고용에 긍정적 영향을 미칠 것으로 보인다. 또한 고령인구의 재취업 문제, 구조조정, 기업인수합병 등 개인의 평생경력개발, 기업 환경의 변화도 인사·노무전문가의 서비스 수요를 가져올 것으로 전망된다. 또한 경기가 좋을 경우 고용 및 노동시간 증가로 산재사고, 근로시간 및 임금 관련

조정 업무가 발생하고, 경기가 좋지 않을 경우, 구조조정에 따른 이·전직 증가, 노사분쟁 및 근로자 권리 규제에 대한 업무가 발생할 수 있어 경기에 무관하게 인사·노무전문가의 역할은 지속적으로 필요해질 것으로 예상된다. 기업 측면에서도 과거에 비해 기업체 내 노동자의 권리와 복지에 대한 요구를 적극적으로 수용하는 것으로 변화함에 따라, 이에 대비책을 마련하기 위해 내부적으로도 노무사를 고용하여 노사 간 중재를 맡기거나, 아웃소싱을 통해 기업 내 인력운용에서의 여러 현안을 해결하고 대응하려는 움직임이 늘어날 전망이다. 그리고 새로운 산업이 증가하고 기존 인력의 고용 형태가 변화하면서, 이들에 대한 인력 재배치가 필요하게 되면서 인사·노무전문가의 자문이 필요해지는 경우가 많아질 것이다.

또한 노무사의 경우 2020년 7월 '공인노무사법'이 개정되면서 업무 범위가 확대됨에 따라 노무사의 위상이 높아질 것으로 보이는데 4대 보험 업무 확대로 국민연금, 건강보험 가입자를 대상으로 대행 및 대리 직무를 수행할 수 있으며, 특수고용노동자, 예술인, 1인 자영업자가 고용보험과 산재보험의 적용을 받는 경우도 노무사가 대행 대리할 수 있게 되었다. 또한 '노무관리진단' 규정 신설로 공인노무사가 사업장의 인사,

노무관리, 노사관계 등에 관한 사항을 분석 및 진단할 수 있게 되면서 합리적인 개선방안 마련 및 예방이 가능하게 되었다.

그리고 기존에 고용부가 개업 등록 및 등록 취소 업무를 하였으나 공인노무사회가 등록 및 취소 업무를 하며 변호사가 변호사협회에 등록하는 것처럼 공인노무사회에 의무적으로 가입해야 한다. 한편으로 직무 관련 범죄를 저지른 노무사에 대한 처벌도 강화되어 징계 유형에 '영구등록취소'가 추가되어서 노무사에게 요구되는 윤리 수준도 강화되었다. 전문 직업으로 노무사에 대한 인식이 확대되면서 2차 응시자 대비 경쟁률도 10대 1을 상회하고 있는 추세이다.

[공인노무사 응시자 및 합격자 현황]

(단위: 명)

연도	2014	2015	2016	2017	2018	2019
2차 응시자	2,364	2,237	3,022	3,131	3,376	3,231
최종 합격자	247	254	249	254	300	303

자료: 한국산업인력공단, Q−net

인적자원전문가 역시 일정 규모(천 명) 이상의 기업에서는 근로자에게 전직지원서비스를 제공해야 하는 등의 제도 변화에 따라, 그리고 평생경력개발의 일환으로 자신의 경력과 적성을 고려하여 원만하게 인생설계를 하고자 하는 사람이 꾸준히 늘어나면서 관련 전문가의 수요는 꾸준할 전망이다. 그리고 평생직장의 개념이 사라지고 이·전직이 빈번해지면서 직무교육 및 전직에 대한 가이드를 제공해 줄 수 있는 전문가의 수요는 증가하고 있으며 기업 입장에서도 효율적으로 인력 운용 및 재배치를 하기 위해 전문가의 컨설팅을 받을 가능성도 크다. 점차 빅데이터에 근거하여 인적자원을 배치하고 활용해야 하는 필요성이 증가할 것으로 예상되므로 장기적으로는 인적자원전문가에게도 데이터 관련 소프트웨어를 처리할 수 있는 역량이 요구될 수 있다.

종합하면, 각종 노동 관련 이슈의 대두, 경기 불황으로 기업 차원에서의 체계적 인사노무 관리 시스템 구축, 노무사의 공공부문에서의 채용 확대 등으로 향후 10년간 노무사의 취업자 수는 다소 증가할 것으로 전망된다.

전망 요인	증가 요인	감소 요인
인구구조 및 노동인구 변화	• 외국인, 중고령자 등 노동인구의 다양화	
가치관과 라이프스타일 변화	• 근로환경 개선 및 노동 이슈에 관심 고조 • 평생경력개발에 대한 필요성 증가	
국내외 경기	• 경기에 무관하게 인사노무관리 이슈 증가	
기업의 경영전략 변화	• 근로자 복지와 권리에 대한 관심 고조 및 컨설팅 의뢰 증가	
산업 특성 및 산업구조 변화	• 산업 고도화로 노무 자문 증가	
법·제도 및 정부 정책	• 공인노무사법 개정으로 노무사의 업무 범위 확대 • 전직지원서비스 의무화	

■ 관련 직업

인적자원전문가, 헤드헌터, 경영컨설턴트, 직무분석가, 전직지원전문가

■ 관련 정보처

한국공인노무사회 02-6293-6101 www.kcplaa.or.kr

한국산업인력공단 1644-8000 www.hrdkorea.or.kr

■ 하는 일

회계사는 회계에 관한 용역 업무를 계획 · 관리하고 의뢰인의 위임을 받아 회계서류의 작성, 기업의 법인세보고서 작성, 회계감사 또는 증명을 하며 재무서류의 조정, 재무조사 및 기타 회계사무에 관한 상담을 수행한다. 이들의 업무는 크게 회계감사 업무, 세무서비스 업무, 경영컨설팅 업무 등이다.

회계감사는 회계사의 대표적 업무 중 하나로 일반인이나 기관으로부터 투자를 받기 위해 회사가 경영 성과나 재무 상태 등의 정보를 제공할 때 이 정보가 거짓이나 오류 없이 작성되었는지를 조사하고 검사하는 일이다. 이때 회계사는 회사의 재무 상태, 경영 성과, 현금 흐름 등을 나타내는 정보가 정확하게 작성되었는지를 감사보고서에 독립된 의견으로 제시한다. 회계감사는 기업의 요청으로 진행되기도 하고, 외부감사법, 자본시장법, 기타 특별법에 의해서 법적으로 정해진 감사를 수행하는 경우도 있으며 인수합병이나 주식상장 등 특별목적에 의해 이뤄지는 감사에 대해 보고서를 작성하기도 한다. 그 외 회계사는 회계자문을 수행하기도 하고, 상장이나 자본시장 관련 이해나 지원을 위한 서비스를 제공하기도 하며, 비재무적 성과의 분석이나 보고, 준법 감시나 규제 관련 서비스, 내부감사, 내부통제 및 절차에 대한 지원서비스를 제공하기도 한다. 전산감사나 기업지배구조 개선 자문도 수행한다.

세무서비스 업무는 납세신고서를 작성하여 납세신고를 대신하거나 조세가 과다하게 부과된 경우 이를 해결하기 위한 이의신청과 심사, 심판청구를 대행 및 제공하는 것이다. 기업이 세무조사나 기타 세금과 관련된 처분을 받게 될 때 도움을 주기도 하며, 세무 진단 및 관련 상담과 자문을 수행하기도 한다. 기업의 해외 투자 시 투자대상 국가의 조세감면제도 등 조세환경을 분석하여 자문을 수행하며 외국 투자자의 국내 투자와 관련한 자문도 실시한다. 그 외 기업의 급여, 4대 보험 관련 업무를 대행하거나 지원하기도 한다.

경영컨설팅 업무도 회계사의 수행 업무 중 하나인데 기업의 장단기 경영전략이나 경영혁신, 기업구조조정에 대한 컨설팅, 재무 및 자금 처리 프로세스의 최적화 지원 컨설팅, 회계 및 자금 시스템의 구축과 관련한 컨설팅, 시장 분석과 예측을 통한 사업타당성 분석에 관한 컨설팅 등 경영자문을 제공한다. 또한 기업 리스크 관리, ERP 시스템 구축, 기업가치 평가와 재산가치에 대한 감정서비스 등을 수행하기도 한다. 이 밖에 전 세계적으로 환경문제가 대두되면서 온실가스 최적 절감을 위한 투자계획의 수립, 탄소 경영체계의 구축, 환경 및 탄소 회계관리 체계의 수립, 저탄소 녹색성장 전략의 수립 및 대응에 관한 자문을 수행하기도 한다.

■ 업무 환경

회계사 중 공공기관이나 기업체에 고용된 회계사는 업무시간이 정해져 있는 편이나 개업회계사무소 혹은 회계법인 등에 근무하는 경우에는 업무 의뢰 업체의 관련 자료를 확인하기 위해 정규시간 외에도 근무하는 경우가 많으며 특히 회계 및 세무 관련 업무의 특성상 의뢰 업체의 회계연도 정산 및 감사 보고서 제출 시기에 업무가 과도하여 스트레스가 있을 수 있다. 회계사는 상당수의 시간을 사무실에서 보내지만, 경영컨설팅이나 회계업무 수행을 위해 의뢰받은 업체에 직접 상주하면서 일정 기간 일하기도 하며 관계 기관으로의 출장도 잦은 편이다.

■ 되는 길

회계사가 되기 위해서는 공인회계사 자격시험에 합격해야 한다. 시험 응시 자격은 대학에서 회계학, 세무 관련 과목, 경영학, 경제학 과목을 일정 학점 이상 이수해야 주어진다. 공인회계사자격 원서 접수 전 대학에서의 취득 24학점 인정 신청과 영어 성적 인정 신청을 거쳐야 한다. 단, 학력, 연령에는 응시 제한이 없으나 시험 응시 자격요건인 24학점을 이수하려면 학점은행제를 이용할 수도 있는데 학점은행제는 고졸 이상의 학력을 가진 사람만 취득 가능하므로 고등학생 등의 청소년은 사실상 응시가 제한된다고 할 수 있다.

1차 시험은 객관식 필기시험으로 경영학, 경제원론, 상법, 세부개론, 회계학 등의 과목을 치르며, 5급 이상 공무원 또는 고위 공무원으로서 3년 이상 기업회계, 회계감사, 또는 직접세 세무회계에 관한 사무를 담당한 경험이 있거나 대학 및 전문대학의 조교수 이상으로 3년 이상 회계학을 가르친 경력이 있는 사람 등의 경력자는 1차 시험이 면제된다. 2차 시험은 주관식 필기시험으로 세법, 재무관리, 회계감사, 원가회계, 재무회계 등의 과목에 대해 치른다. 공인회계사 시험에 합격한 후에도 회계법인, 공인회계사회, 금융감독원 등 관련 기관에서 실무수습을 받고 한국 공인회계사회에 등록해야만 정식 회계사로 활동할 수 있다.

관련 학과 경영학과, 경제학과, 회계학과, 세무학과, 금융 · 보험학과 등
관련 자격 공인회계사(금융감독원)

■ 적성 및 흥미

회계사는 회계학, 회계감사, 재무관리 등의 원리와 회계 관련 정책이나 제도, 기업환경을 둘러싼 국내외 경제 상황 등에 대해서도 지속적으로 탐구하는 자세가 필요하다. 통계나 수치를 다루게 되므로 세밀하게 검토하고 계산상의 오류를 찾을 수 있는 수리 능력과 분석력, 꼼꼼함이 있다면 유리한 직업이다. 복잡하고 광범위한 업무를 처리하는 문제해결능력과 의뢰 기업(고객)과의 원만한 커뮤니케이션 역량도 요구된다. 또한 투명하고 공정한 감사와 업무 처리를 위해 직업윤리와 책임감, 그리고 업무상 알게 된 비밀을 철저히 유지할 수 있어야 한다.

▪ 경력 개발

회계사는 주로 회계법인, 개인사무소, 학교, 정부기관, 국영 기업체, 금융기관, 일반 기업체 등에서 종사하며, 일반 기업의 재무부서나 기업인수·합병(M&A)관련 부서, 전략기획부서 등에서 일한다. 규모가 큰 대형 회계법인에서 실무경력을 쌓은 후 직접 (공동) 개업하기도 한다. 보통 회계법인의 공인회계사들은 '주니어 → 시니어 → 슈퍼바이저 → 매니저'의 승진 단계를 거치게 되는데 매니저는 그동안 업무를 수행하면서 쌓은 경력을 기반으로 다른 법인의 파트너로 스카우트되거나, 자신이 근무하는 법인에서 파트너로 승진하여 주로 회계감사 업무 등을 주관하며 파트너까지 승진하는 데 보통 10년 내외의 기간이 소요된다. 개업회계사는 업무량이 개인마다 차이가 있으며 별도의 은퇴 시기가 정해져 있지 않다.

▪ 일자리 전망

[향후 10년간 취업자 수 전망] (연평균 증감률 %)

감소	다소 감소	현 상태 유지	다소 증가	증가
-2% 미만	-2% 이상 -1% 이하	-1% 초과 +1% 미만	1% 이상 2% 이하	2% 초과

향후 10년간 회계사의 취업자 수는 다소 증가할 것으로 전망된다. 「2019-2029 중장기 인력수급전망」(한국고용정보원, 2020)에 따르면, 회계사는 2019년 약 20천 명에서 2029년 약 24천 명으로 향후 10년간 5천 명(연평균 1.6%) 정도 증가할 것으로 전망된다. 통계청의 「전국사업체조사」에 의하면 공인회계사업 사업체 수와 종사자 수는 매년 다소 꾸준히 증가 추세를 보이고 있다.

[공인회계사업 사업체 및 종사자 현황]

(단위: 개소, 명)

연도	2011	2012	2013	2014	2015	2016	2017	2018
사업체 수	1,235	1,240	1,250	1,286	1,312	1,337	1,330	1,378
종사자 수	21,502	22,641	22,801	23,723	25,307	26,340	26,722	28,650

자료: 통계청, 전국사업체조사

공인회계사는 자격시험을 통해 매년 선발되므로 선발 인원에 따라 취업자 수에 영향을 받을 수 있다. 2000년까지 매년 500명 내외를 선발하였으나 2009년 이후 900명대를 유지하다 2019년부터 천 명으로 늘어났으며 2020년, 2021년에도 1,100명을 선발할 계획이다. 신외부감사법으로 표준감사시간제, 상장사 내부회계관리제도 감사의무제, 주기적 감사인 지정제 등이 진행되면서 관련된 회계사 수요를 반영하여 최소 선발 인원이 늘어나는 것을 반영한 것이다. 신외부감사법은 감사업무의 질적 제고를 기하고 기업의 회계투명성을 높이기 위한 것이다. 특히 '표준감사시간제'의 경우 감사투입시간을 증가해야 함에 따라 회계사의 수요 증가를 가져올 수 있다.

실제 신외부감사법 시행에 따라 업무가 늘어난 주요 회계법인의 매출이 상승하고 소속된 회계사들의 처우도 좋아져 그동안 공기업이나 금융권에서 종사하던 회계사들도 최근 회계법인으로 옮기는 경우가 늘고 있다. 많은 직업들이 국내외 경기의 영향을 받을 수 있지만 기업이 존재하는 한 경기에 상관없이 상당수의 기업들이 회계 감사를 받아야 하기 때문에 회계사의 경우 상대적으로 경기 변화에 덜 민감하다. 하지만 코로나19처럼 예상치 못한 국내외 경기 침체로 회계사 의뢰 업무가 줄어들 수도 있어 향후 회계사 수요에 부정적 영향을 미칠 것으로 보는 의견도 있다.

또한 보다 투명하고 공정한 회계구조를 요청하는 시민의식으로 감사의 수요가 지속적으로 확대될 전망인 점도 회계사의 고용 증가에 긍정적 영향을 미칠 전망이다. 아파트나 공익법인에 대한 감사 등 과거에는 회계감사가 선택적이던 공익부

문도 시민들의 투명성 요구가 커지면서 회계감사 영역을 늘리는 요인으로 작용할 전망이며 바이오산업, 정보통신산업 등 신산업이 등장하면서 연구개발비 등 회계, 감사 또는 회계 관련 컨설팅이 필요한 분야에서의 서비스 수요를 가져올 수도 있다. 그리고 최근 주 52시간 근로시간 시행으로 그동안 업무 강도가 높았던 회계법인에서 1인당 근무시간을 감축하게 되면서 회계사 인원을 늘리는 요인일 수 있다.

[공인회계사 응시자 및 합격자 현황]

(단위: 명)

연도	2012	2013	2014	2015	2016	2017	2018	2019	2020
2차 응시자	3,451	2,398	2,273	2,837	2,779	2,898	2,750	3,006	3,453
최종 합격자	998	904	886	917	909	915	904	1,009	1,110

자료: 금융감독원, 공인회계사시험 사이트

하지만 천 명이 넘는 회계사를 선발하면서 과당경쟁이 일어날 수 있고 수요와 공급의 균형을 고려할 때 회계사 선발 인원을 늘리는 것에 회의적인 입장도 존재한다. 그동안 대형회계법인을 중심으로 공급이 늘어난 회계사의 채용을 주도해왔으나 향후 지속적으로 채용 규모를 늘리는 것도 부담이고, 더욱이 시험 응시 주요 연령대인 젊은 층의 인구 감소도 고려해야 한다는 것이다. 또 한편으로는 휴업회계사의 적극 활용방안에 대한 고민이 필요하다는 의견도 있다. 실제로 한국공인회계사회 자료에 따르면 회계사 자격을 소지한 사람이 회계업계가 아닌 민간기업체 등의 타 업계에 종사하는 것을 의미하는 휴업회계사가 매년 꾸준히 증가함을 알 수 있다.

[연도별 공인회계사 등록회원 수]

(단위: 명)

연도	2012	2013	2014	2015	2016	2017	2018	2019	2020
총 회원 수	15,571	16,605	17,409	18,216	18,943	19,758	20,814	21,468	21,781
회계 법인	8,690	9,193	9,414	9,652	9,999	10,501	11,332	11,966	12,184
감사반	1,229	1,268	1,296	1,343	1,382	1,414	1,428	1,437	1,449
개업	566	705	723	826	773	771	609	584	580
휴업	5,086	5,439	5,976	6,395	6,789	7,072	7,445	7,481	7,568

자료: 한국공인회계사회 내부 자료(등록회원 수 기준)
※ 매년 12월 기준이며, 2020년은 5월 기준

최근 인공지능(AI), 빅데이터 등 과학기술의 발전으로 회계사의 직무에 영향을 미칠 수 있다는 의견도 있으나 회계, 감사와 같이 전문적인 판단이 필요한 직무를 대체할 가능성은 낮다는 의견이 지배적이다.

전망 요인	증가 요인	감소 요인
국내외 경기 변화		• 국내외 경기 침체로 회계 관련 업무 의뢰 감소
기업의 경영전략 변화	• 투명하고 공정한 회계감사에 대한 수요 증가	
산업 특성 및 산업구조 변화	• 바이오산업, 정보통신산업 등 신산업분야에서의 회계 관련 컨설팅 증가	
법·제도 및 정부 정책	• 신외부감사법 등으로 회계사 수요 증가	• 수요와 공급을 고려한 정부 차원에서의 선발 인원 조정

종합하면, 신외부감사법 개정 등 법 개정으로 인한 회계 감사환경의 변화, 공정하고 투명한 회계 감사의 수요 증가 등으로 향후 10년간 회계사의 취업자 수는 다소 증가할 수 있으나 정부 차원에서의 회계사 선발 인원 조정 등으로 증가폭은 크지 않을 전망이다.

■ 관련 직업

세무사, 경영컨설턴트, M&A전문가

■ 관련 정보처

금융감독원 공인회계사시험관리팀 02-3145-5114 cpa.fss. or.kr

한국공인회계사회 02-3149-0100 www.kicpa.or.kr

■ 하는 일

회계 및 경리사무원은 회사를 경영하는 데 필요한 재무정보를 제공하기 위하여 일정한 원칙에 따라 현금, 상품, 채권, 채무 등의 증감을 기록, 계산, 정리하는 업무를 수행한다. 담당 업무에 따라 회계사무원과 경리사무원으로 분류되지만 현장에서는 업무가 뚜렷이 구별되지는 않는 편이다. 회계 관련 업무의 전산화가 진행되어 대부분 컴퓨터를 이용하여 전표를 입력하고 결재한다. 기초적인 재무제표는 자동으로 작성되기 때문에 회계 및 경리사무원은 주로 자료 입력 후 최종 검토하는 일을 하며, 회계 전산시스템을 관리하고 보완하는 일도 중요한 업무에 해당한다.

회계사무원은 기업의 모든 거래사항을 기록하고 정리하며, 원가계산을 통하여 제조원가를 산출한다. 기업의 재무 상태와 경영 실적을 파악하기 위하여 결산 절차에 따라 대차대조표, 손익계산서 등의 재무제표를 작성한다. 또한 기타 소득 신고서 및 각종 회계 관련 통계, 재무 및 결산 보고서를 작성한다.

경리사무원은 정해진 절차에 따라 매뉴얼이나 전산시스템을 사용하여 청구서, 송장, 계산서 및 기타 경리 서류를 작성하여 발행한다. 재무 기록 및 수취계정, 지불계정과 같은 거래를 정해진 방식에 따라 처리하고 대조하며 원장이나 전산시스템에 자료를 입력한다. 또한 직원의 임금이나 수당 계산 지급, 퇴직금 계산, 연말정산, 기타 일반 경비와 관련하여 증빙서류를 정리하고, 통장과 현금의 관리, 보고 등의 업무를 수행한다.

▪ 업무 환경

회계 및 경리사무원의 업무는 사무실 내에서 이루어지며 매우 규칙적이다. 매월 급여 제공 기간이나 회계연도 말에 업무가 집중되는 편이다. 이들은 매일 컴퓨터로 작업하며 자료를 세밀하게 검토해야 하는 직업 특성상 어깨 결림, 목 디스크, 눈의 피로, 두통 등에 시달리는 경우가 잦다.

▪ 되는 길

일반적으로 고졸 이상의 학력이 요구되나, 대기업의 경우 관련 전공의 대학 졸업자를 중심으로 채용하는 편이다. 회계 및 세무 관련 학과에서는 회계와 세법에 관한 기초이론과 실무를 배운다. 회계 업무의 전산화로 전산시스템을 이용한 세무, 회계 실무교육이 중요해졌으므로 세무 및 회계 관련 전산자격증을 취득하면 취업에 유리하다. 회계 및 경리사무원은 일반기업, 관공서, 금융기관 등의 회계부서나 회계·세무법인이나 사무소 등에 취업한다. 공개채용, 수시채용, 학교장 추천 등으로 채용이 이루어지며, 입사 후 회계부서에서 일정 기간 훈련을 받은 뒤 일하기도 한다.

관련 학과   회계학과, 세무학과, 세무회계학과, 경영회계학과, 경영학과, 전산세무회계과, 경제 학과, 비서학과, 행정학과

관련 자격   전산회계운용사 1급/2급/3급(대한상공회의소), 전산세무 1급/2급, 전산회계 1급/2급, 세무회계 1급/2급/3급, 기업회계 1급/2급/3급(이상 한국세무사회)

■ **적성 및 흥미**

회계 및 경리사무원은 숫자를 다루기 때문에 기본적으로 수리능력이 필요하고 수치에 대한 정확성과 꼼꼼함이 요구된다. 거액의 현금, 어음, 당좌수표 등을 취급하므로 평소 신중해야 하고 정직성과 책임감도 요구된다. 임금이나 수당 등을 계산

하여 지급하는 업무의 특성상 조직 내 다른 직원들과 대면하는 경우가 많아 원만한 대인관계, 협조 능력도 중요하다.

◾ 경력 개발

회계 및 경리사무원은 회계부서에서 회계 및 경리 업무를 계속 담당하기도 하고, 타 부서로 이동하여 업무를 수행하기도 한다.

◾ 일자리 전망

[향후 10년간 취업자 수 전망]　　　　　　　　　(연평균 증감률 %)

향후 10년간 회계 및 경리사무원의 일자리는 현 상태를 유지할 것으로 전망된다. 「2019-2029 중장기 인력수급전망」(한국고용정보원, 2019)에 따르면, 회계사무원은 2019년 약 272천 명에서 2029년 약 290천 명으로 향후 10년간 4천 명(연평균 0.6%) 증가할 것으로 예상되며, 경리사무원은 2019년 약 556

천 명에서 2029년 약 575천 명으로 향후 10년간 19천 명 (연평균 0.3%) 정도 증가할 것으로 전망된다.

기업의 지속가능한 경영을 위해 모든 업종에서 회계의 투명성은 매우 중요하다. 대기업뿐만 아니라 중소기업에서도 마찬가지이다. 세무 및 재무, 회계 관련 기준들이 점차 까다로워지고 국제적인 표준도입도 잇따르면서 회계를 전문으로 담당할 사무원의 고용은 다소 증가할 가능성이 있다. 회계 부문의 국제적인 비교가 가능하고 신뢰성과 투명성을 제고하기 위해 국제회계기준에 따라 많은 기업들이 회계 처리를 하고 있다.

특히 2011년부터 모든 상장기업이 채택하고 있는 한국채택국제회계기준(K-IFRS)을 비롯해 차후 새롭게 도입 예정인 국제회계기준(IFRS17 등)이 다양해짐에 따라 회계전산시스템을 비롯해 선제적 대응과 준비가 필요하다. 이러한 제도 강화로 회계사무원이 다뤄야 하는 영역이 넓어지고 있고 이는 고용 증가를 가져올 가능성이 있다. 통계청의 「전국사업체조사」에서도 회계 및 세무 관련 서비스업의 사업체 수는 매년 꾸준히 증가하고 있고 종사자 수도 2011년 6만 5,833명에서 2018년 9만 772명으로 증가하였음을 알 수 있다.

[회계 및 관련 서비스업 사업체 및 종사자 현황]

(단위: 개소, 명)

연도	2011	2012	2013	2014	2015	2016	2017	2018
사업체 수	9,622	10,192	10,570	11,206	11,806	12,169	12,336	12,874
종사자 수	65,833	69,552	71,719	75,685	82,441	85,293	87,223	90,772

자료: 통계청, 전국사업체조사

다만 인공지능 등의 기술 발전으로 인해 회계사무원의 업무가 일부 대체될 수 있는 가능성이 있다. 경리사무원의 경우 기업을 운영하는 데 있어서 자금 집행을 관리하는 등의 필수적인 업무를 담당하는 직업이다. 그러나 최근 전산프로그램이 광범위하게 활용되고 있고 금전출납기록 및 관리를 비롯해 인터넷 뱅킹의 활성화로 금융기관 관련 업무 등이 축소되는 등 변화를 겪고 있다. 또한 기업 입장에서는 인건비 감소 등 경영 효율화를 위해 단순 반복적인 경리 업무에 대해서는 아웃소싱 업체에 외주를 주는 경우도 늘어나고 있어서 전반적으로 경리사무원의 고용에는 부정적인 영향을 미칠 것으로 보인다.

또한 향후 경리사무원의 고용은 신규 일자리보다 기존 일자리를 떠나는 이·전직으로 인한 대체 수요로 발생할 가능성이 크다. 회계 및 경리사무원에서 단순 경리업무는 전산화됨으로써 상대적으로 경리사무원보다 회계사무원을 중심으로 인력 수요가 발생할 것으로 보인다.

그리고 최근 인공지능(AI) 기술의 발전에 대한 사회적 관심이 높은 가운데 특히 회계와 경리 분야에 인공지능이 고용 감소를 가져올 것으로 전망하는 사람들도 있으나, 자금과 관련한 위험관리, 회계감사 관련 업무 등 업무 경력에 기반하여 의사결정이 필요한 업무에는 인공지능 도입에 한계가 있을 것이라는 의견도 많다. 따라서 회계 관련 시스템과 제도가 지속적으로 변화하고 있고, 기업 환경도 급변하고 있어서 회계 및 경리사무원 스스로 전문성을 쌓는 노력이 필요하다.

전망 요인	증가 요인	감소 요인
과학기술 발전		• 전산프로그램 사용 증가 • 인공지능 기술 발전
기업의 경영전략 변화		• 단순 반복적인 업무 아웃소싱
법·제도 및 정부 정책	• 투명한 회계의 중요성 증대 • 국제회계기준 다양화	

종합하면, 인공지능 기술 발전, 전산프로그램의 사용 증가로 인한 회계 처리의 간편화, 단순 반복적인 업무의 아웃소싱 등의 요인은 경리사무원의 감소에 영향을 미칠 수 있지만

투명한 회계의 중요성 증대, 국제회계기준의 다양화 등은 회계사무원의 증가에 영향을 미칠 것으로 보여, 향후 10년간 회계 및 경리사무원의 일자리는 현 상태를 유지할 것으로 전망된다.

■ 관련 직업

회계사무원, 경리사무원, 총무사무원, 회계사, 세무사

■ 관련 정보처

대한상공회의소 02-6050-3114 www.korcham.net

한국공인회계사회 02-3149-0100 www.kicpa.or.kr

한국세무사회 02-521-9451 www.kacpta.or.kr

출처

한국고용정보원 워크넷

홈페이지: http://www.work.go.kr

한국고용정보원
Korea Employment Information Service

청소년들의 진로와 직업 탐색을 위한
잡프러포즈 시리즈 13

휴머니스트라면

2018년 2월 19일 | 초판1쇄
2022년 11월 1일 | 초판5쇄

지은이 | 최진형
펴낸이 | 유윤선
펴낸곳 | 토크쇼

편집인 | 박가영
디자인 | 김경희
마케팅 | 김민영

출판등록 2016년 7월 21일 제2019-000113호
주소 | 서울시 서초구 나루터로 69, 107호
전화 | 070-4200-0327
팩스 | 070-7966-9327
전자우편 | myys327@gmail.com
블로그 | http://blog.naver.com/talkshowpub
ISBN | 979-11-88091-16-4 (43190)
정가 | 15,000원